m-learning e u-learning

novas perspectivas da aprendizagem móvel e ubíqua

Amarolinda Saccol | Eliane Schlemmer
Jorge Barbosa

m-learning e u-learning

novas perspectivas da aprendizagem móvel e ubíqua

Pearson

© 2011 by Amarolinda Saccol, Eliane Schlemmer e Jorge Barbosa
Todos os direitos reservados. Nenhuma parte desta publicação poderá ser reproduzida ou transmitida de qualquer modo ou por qualquer outro meio, eletrônico ou mecânico, incluindo fotocópia, gravação ou qualquer outro tipo de sistema de armazenamento e transmissão de informação, sem prévia autorização, por escrito, da Pearson Education do Brasil.

Diretor editorial: Roger Trimer
Gerente editorial: Sabrina Cairo
Supervisor de produção editorial: Marcelo Françozo
Editora plena: Thelma Babaoka
Editor de desenvolvimento: Jean Xavier
Editora de texto: Sabrina Levensteinas
Preparação: Andrea Filatro
Revisão: Erika Alonso
Ilustrações: Globaltec Artes Gráficas Ltda.
Capa: Alexandre Mieda
Projeto gráfico e diagramação: ERJ Composição Editorial

Dados Internacionais de Catalogação na Publicação (CIP)
(Câmara Brasileira do Livro, SP, Brasil)

Saccol, Amarolinda
   M-learning e u-learning : novas perspectivas das aprendizagens móvel e ubíqua / Amarolinda Saccol, Eliane Schlemmer, Jorge Barbosa. -- São Paulo : Pearson Prentice Hall, 2011.

   ISBN 978-85-7605-377-4

   1. Ensino auxiliado por computador 2. Inovações educacionais 3. Sistemas de ensino - Design 4. Tecnologia educacional I. Schlemmer, Eliane. II. Barbosa, Jorge. III. Título.

10-08574   CDD-371.334

Índices para catálogo sistemático:
1. Novas tecnologias e educação   371.334

Direitos exclusivos cedidos à
Pearson Education do Brasil Ltda.,
uma empresa do grupo Pearson Education
Avenida Francisco Matarazzo, 1400
Torre Milano – 7o andar
CEP: 05033-070 -São Paulo-SP-Brasil
Telefone 19 3743-2155
pearsonuniversidades@pearson.com

Distribuição
Grupo A Educação
www.grupoa.com.br
Fone: 0800 703 3444

*Este livro é dedicado aos nossos filhos(a):
Christopher, Emanuele e Pedro, e aos nossos
mais importantes parceiros(a): Gerson, Joil e Débora*

Prefácio

As possibilidades que a tecnologia oferece e as consequentes pressões da competição na sociedade levaram a uma 'compressão do tempo e do espaço' (Sigmund Baumann). Ocupamos espaços cada vez mais amplos e de modo cada vez mais intenso. Também o nosso tempo é um recurso cada vez mais escasso e cujo valor econômico precisa ser otimizado por meio da ocupação minuciosa até dos menores intervalos.

Sobrevive nessa competição cada vez mais acirrada quem for mais eficiente nesta ocupação do tempo e do espaço, o que leva a uma aceleração sempre crescente da velocidade e da abrangência da atuação das pessoas e das organizações.

As tecnologias de mobilidade são um dos recursos mais importantes nesta 'colonização do tempo e do espaço', porque contribuem simultaneamente para esses dois objetivos. Portanto, não é por acaso que a adoção da telefonia celular móvel foi uma das mais rápidas e mais globais da história da tecnologia. Hoje, temos mais de três bilhões de telefones celulares no mundo, uma difusão tecnológica que ocorreu nos últimos 25 anos, superando qualquer tecnologia prévia, inclusive os telefones fixos, o rádio e a televisão.[1]

Por outro lado, na sociedade pós-industrial, já nos ensinava Peter Drucker, a competitividade dependerá mais da competência para gerar valor econômico a partir do conhecimento do que do controle sobre recursos como capital e trabalho.

Tecnologias que contribuem ao mesmo tempo para todos estes objetivos (colonizar o tempo e o espaço, bem como gerar e reproduzir conhecimento e competências) têm, então, um valor estratégico singular nesta nova sociedade.

---

[1] KALBA, K. The Adoption of Mobile Phones in Emerging Markets: Global Diffusion and the Rural Challenge. *International Journal of Communication*, no. 2, p. 631-661, 2008.

Prover capacitação profissional de modo contínuo e em larga escala tem sido considerado um dos grandes desafios para a promoção do desenvolvimento econômico. Em um contexto em que a velocidade e o alcance das pessoas onde elas estão são requisitos fundamentais, as tecnologias de mobilidade passam a ser uma opção muito promissora para a capacitação, pois, ao permitir, a baixo custo, a rápida difusão de informações e a interação entre pessoas e sistemas, por meio de conexão em larga escala, viabilizam novas abordagens pedagógicas e níveis de desempenho não alcançáveis pelos meios tradicionais.

A criação e difusão destas tecnologias é um processo incremental e lento por natureza, uma vez que depende de mudanças de atitudes de pessoas, tendo o efeito de rede, isto é, o seu valor aumenta à medida que cresce o número de usuários.

Este livro, baseado nos trabalhos realizados ao longo de anos por um grupo de pesquisadores, apresenta os resultados de pesquisa e o desenvolvimento de software para uso de tecnologias de mobilidade e ubiquidade em capacitação. Mas o grupo foi além, aplicando as tecnologias criadas em situações práticas e avaliando os seus resultados, brindando-nos com uma contribuição importante na cadeia de desenvolvimento das tecnologias de mobilidade.

O livro não pretende ser uma palavra final, dada a grande velocidade de desenvolvimento das tecnologias (computação e comunicação) que lhe servem de base ou das mudanças que elas estão provocando na sociedade. Ao relatar uma linha de trabalho bem-sucedida até então, os autores demonstram a capacidade de criação de tecnologia no País e indicam caminhos para outros pesquisadores e organizações avançarem nesta área de importância estratégica.

Aos leitores interessados em conhecer as possibilidades dessas tecnologias de mobilidade utilizadas na capacitação profissional e motivados para, a partir deste relato, continuar a caminhada de desenvolvimento contínuo, desejo uma boa e proveitosa leitura.

Nicolau Reinhard
Professor titular da Faculdade de Economia,
Administração e Contabilidade (FEA) da Universidade de São Paulo

Apresentação

É com grande satisfação que apresentamos o nosso livro, *m-learning e u-learning: novas perspectivas das aprendizagens móvel e ubíqua*. Como o próprio título indica, este livro trata sobre o futuro, sobre as possibilidades que as Tecnologias da Informação e comunicação Móveis e Sem fio (TIMS) podem trazer para as atividades humanas, neste caso, para os processos de ensino e de aprendizagem.

Ao ler este livro, queremos convidá-lo para uma viagem por essas perspectivas. Desejamos que a sua leitura envolva não só a apreciação de fatos — levantados por meio de nossas pesquisas, que são resultado de uma parceria entre as áreas de administração, educação e computação, ou por meio da leitura da obra de diversos colegas pesquisadores, acadêmicos e profissionais de mercado —, mas também uma viagem de imaginação e de criatividade.

Esse é um livro que traz poucas certezas, ou receitas prontas, sobre *m-learning* e *u-learning*, mas é um livro que propõe questões relevantes e que convida o leitor a refletir sobre as oportunidades e, também, sobre as implicações (tanto positivas quanto, eventualmente, negativas) do uso das TIMS para o ensino e para a aprendizagem.

O que buscamos fazer com este livro é reunir um pouco do conhecimento formal a respeito dessas práticas e analisá-lo à luz dos nossos conhecimentos prévios de educação, gestão e computação.

O livro busca contribuir, inicialmente (Capítulo 1), apresentando uma visão geral sobre os conceitos que são o pano de fundo da discussão de uso do *m-learning* e *u-learning*: o que é informação, o que é aprendizagem, o que é conhecimento e como as TIMS podem colaborar com esses elementos/processos. Nesse primeiro capítulo, também procuramos definir, da maneira mais clara possível, o que entendemos por *m-learning* e *u-learning*, citando exemplos de uso dessas modalidades de ensino e de aprendizagem, bem como analisando os seus diversos tipos de implicações (pedagógicas, tecnológicas, econômicas, sociais etc.).

No Capítulo 2, apresentamos e analisamos as principais tecnologias (TIMS) que apoiam as práticas de *m-learning* e *u-learning*. Procuramos tratar da tecnologia com uma linguagem acessível, visando subsidiar todos aqueles que se interessem em implementar essas modalidades, utilizando diferentes recursos.

No Capítulo 3, tratamos das metodologias, das práticas e dos processos de mediação pedagógica relacionados ao *m-learning* e ao *u-learning*. Mais do que aplicar as TIMS em si, são os pressupostos, as concepções, as metodologias e as estratégias didático-pedagógicas que definirão o sucesso ou o fracasso dessas aplicações. Diante disso, estimulamos a consideração de uma abordagem específica de aplicação do *m-learning* e do *u-learning* dentro de uma visão interacionista, construtivista e sistêmica do processo de ensino e de aprendizagem.

Por fim, no Capítulo 4, apresentamos casos concretos de desenvolvimento e aplicação de tecnologias e estratégias de *m-learning* e *u-learning*, visando ilustrar e debater os conceitos apresentados nos capítulos anteriores, à luz de experiências concretas tanto no ensino formal quanto na educação corporativa.

De resto, caro(a) leitor(a), as certezas (provisórias) e as práticas de *m--learning* e *u-learning* estão sendo construídas neste exato instante. São construídas por jovens e adolescentes que utilizam seus dispositivos móveis para buscar informações, capturar e compartilhar sons e imagens e para produzir conteúdos. Eles fazem isso em qualquer lugar, no sofá de casa, no pátio da escola, nos meios de transporte... Essas práticas também estão sendo construídas por profissionais que usam a tecnologia móvel para buscar uma informação, ler um material de trabalho, buscar ajuda com colegas ou líderes, em diferentes locais e nos poucos 'tempos mortos' que ainda restam em sua atribulada rotina diária.

Fazendo um parêntese, é curioso que o próprio processo pelo qual este livro foi escrito reflete essas novas práticas de aprendizagem e de trabalho.

Ele foi escrito por três profissionais de áreas distintas e, com exceção de uma reunião inicial de discussão com os editores, o restante da construção do livro ocorreu a distância, praticamente 100 por cento do tempo no espaço digital virtual, em diversos arquivos trocados por e-mail. Nos arquivos que trocamos, inserimos comentários e críticas, além de debatermos ideias e estilos por vezes muito diferentes. Mas, finalmente, acreditamos que soubemos fazer mais do que colaborar e cooperar. Fizemos mais do que simplesmente trabalharmos juntos: aprendemos muito, pois cada um soube ouvir e respeitar o ponto de vista do outro, reconhecer a contribuição específica daquele ponto de vista e, no final, olhar a riqueza que essa diversidade trouxe para o livro que agora está aqui, pronto.

Assim, acreditamos que este livro é parte da experiência viva de aprender e de ensinar com o uso das novas tecnologias. Por isso é que, mais do que indicar o caminho, convidamos você a ler, pensar conosco e a construirmos juntos essas novas trilhas.

Para finalizar esta apresentação, gostaríamos de agradecer a algumas pessoas e instituições que foram fundamentais para a concretização desta obra. Primeiramente, agradecemos ao CNPq, que financiou nossas pesquisas por meio do projeto "Aprendizagem com Mobilidade no Contexto Organizacional", por meio do Edital Universal MCT/CNPq 02/2006 — processo 484129/2006-6. Esse projeto foi desenvolvido em conjunto com o Professor Nicolau Reinhard (FEA/USP), ao qual agradecemos por toda a parceria e ajuda, bem como pelo prefácio deste livro.

Agradecemos também à Universidade do Vale do Rio dos Sinos (Unisinos), que vem financiando e apoiando nossos projetos de pesquisa interdisciplinares. Agradecemos aos funcionários da Unisinos do setor de Gestão de Recursos Humanos, de Gestão dos Sistemas de Informação (GSI) e do secretariado da Área de Ciências Humanas, que foram nossos parceiros na aplicação e no teste de soluções para *m-learning*. Um agradecimento especial à equipe do Mobilab (Laboratório de Pesquisa e Desenvolvimento em Computação Móvel da Unisinos), coordenado pelo professor Jorge Barbosa, que reúne jovens talentos que muito colaboraram com nossas pesquisas, em especial: Marcos Kich, Solon Rabelo, Rodrigo Hahn, Cícero Rolim e Nelson Sonntag (*in memoriam*). Ao doutorando Paulo Graziola Jr. (Unisinos) e à Carolina Sarmento, membros da nossa equipe de pesquisa, nosso sincero obrigado.

Agradecemos também a Débora Barbosa, diretora da empresa *Learningware*, que nos cedeu conteúdo sobre soluções para *m-learning* corporativo (Capítulo 4).

Por fim, agradecemos a toda equipe da Pearson Education, que nos orientou e apoiou na finalização deste livro.

Amarolinda Saccol, Eliane Schlemmer e Jorge Barbosa
São Leopoldo, 13 de setembro de 2010

Site de apoio do livro

No Site de Apoio deste livro (www.grupoa.com.br), professores e estudantes podem acessar materiais adicionais 24 horas por dia.

Para professores:

- Apresentações em PowerPoint.

Esse material é de uso exclusivo para professores e está protegido por senha. Para ter acesso a ele, os professores que adotam o livro devem entrar em contato através do e-mail divulgacao@grupoa.com.br.

Para estudantes:

- Links úteis.

Sumário

1 • Visão geral **1**

Informação, aprendizagem e conhecimento 2

A questão das competências 13

Conceitos básicos de *m-learning* e *u-learning* 16

Os diversos aspectos envolvidos no *m-learning* e *u-learning* 29

2 • Tecnologias para *m-learning* e *u-learning*.................. 38

As principais tecnologias digitais 38

Computação móvel 41

Tecnologias de localização 46

Contextos e perfis de usuários..51

Computação ubíqua: realidade ou futuro próximo 55

3 • Contextos, metodologias, práticas e mediação pedagógica em *m-learning* e *u-learning*.................57

Contextos de aprendizagem em *m-learning* e *u-learning* 57

Metodologias problematizadoras no contexto do *m-learning* e
u-learning para a formação e capacitação humana..................................65

Mediação e intermediação pedagógica relacional 76

Acompanhamento e avaliação da aprendizagem 80

Um modelo pedagógico interacionista-construtivista-sistêmico-
-complexo para *m-learning* e *u-learning* 85

Certezas provisórias sobre questões didático-pedagógicas
referentes a mobilidade e ubiquidade 95

Conclusões e reflexões 98

Apêndice 101

Principais concepções epistemológicas e modelos pedagógicos 101

4 • Casos e ferramentas para *m-learning* e *u-learning* 107

O ambiente COMTEXT® para *m-learning* corporativo 107

Casos de utilização do ambiente COMTEXT® 114

O sistema LOCAL® para *u-learning* 125

Aplicação do LOCAL® 132

Caso Learningware: criando soluções para a capacitação
de profissionais móveis 139

Conclusões 144

Referências 147

Índice remissivo 157

Sobre os autores 161

1 Visão geral

Viver e conviver em um mundo cada vez mais 'tecnologizado', conectado, ou seja, em uma 'sociedade em rede', como a denomina o sociólogo espanhol Manuel Castells (1999), traz consequências importantes, representando significativos desafios para os processos de ensinar e de aprender, tanto nos contextos formais quanto nos contextos não formais de educação. Segundo Moraes (2003), essa nova realidade influencia não só a maneira de se trabalhar em educação, mas também a maneira de preparar o indivíduo para a sociedade, para o mundo do trabalho e para o aprendizado contínuo; uma vez que as práticas sociais, as relações de trabalho e as necessidades de formação e capacitação profissional também se modificam rapidamente.

Esse cenário tem impulsionado o surgimento de novas possibilidades educacionais tanto na modalidade presencial física quanto na modalidade a distância, cuja oferta tem crescido significativamente. Aos poucos, começam a ser identificadas mudanças no paradigma de ensino e de aprendizagem, principalmente no que diz respeito ao *e-learning* (aprendizagem mediada por computadores) e, mais recentemente, ao *m-learning* (aprendizagem móvel) e ao *u-learning* (aprendizagem ubíqua). A Figura 1.1 auxilia na visualização de elementos importantes que constituem cada uma das modalidades.

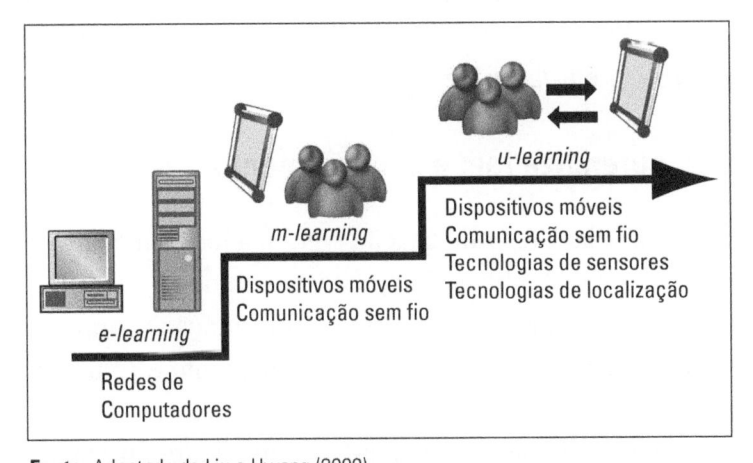

Fonte: Adaptado de Liu e Hwang (2009)

Figura 1.1 Elementos que constituem o *e-learning, m-learning* e o *u-learning*

Assim, como mostra a figura, enquanto no *e-learning* trabalhamos basicamente com ambientes de aprendizagem acessíveis por redes de computadores, no *m-learning* utilizamos dispositivos móveis sem fio para promover a comunicação e a interação on-line entre sujeitos e destes com o seu contexto. No *u-learning*, é possível, além disso, fazer uso de ambientes de aprendizagem que utilizam diferentes tipos de "objetos funcionais" a qualquer momento, e em qualquer lugar, por meio de conexões de rede sem fio (Liu e Hwang, 2009). Com isso, podemos ter aparelhos de comunicação sem fio e, ainda, identificação por radiofrequência (RFID, do inglês *Radio Frequency IDentification*) capazes de detectar os usuários e fornecer-lhes informações sobre o ambiente de forma personalizada. Um ambiente *u-learning*, portanto, integra computação, comunicação e dispositivos com sensores incorporados à vida diária, a fim de possibilitar que a aprendizagem se torne ainda mais imersiva.

No entanto, um dos pontos mais frágeis identificados por diferentes pesquisadores, no que se refere a essas modalidades educacionais, é a questão didático-pedagógica. Não basta ter acesso a novas tecnologias que possam ser usadas de forma combinada; é preciso, sobretudo, saber como utilizá-las para propiciar a aprendizagem dos sujeitos.

Como essa questão passa necessariamente pela compreensão de conceitos como informação, conhecimento e aprendizagem, começaremos por aí nossa abordagem a essas novas modalidades educacionais, buscando maior clareza sobre o que elas representam e sobre sua importância no desenvolvimento de metodologias, processos de mediação e intermediação pedagógica em *m-learning* e *u-learning*.

Informação, aprendizagem e conhecimento

O que é informação? Ter informação significa ter conhecimento? O que significa conhecer? Qual o lugar da aprendizagem nesse cenário?

Embora em muitas situações os termos 'informação', 'aprendizagem' e 'conhecimento' sejam utilizados indiscriminadamente e sem grande reflexão sobre seu significado para os processos de formação e de capacitação humana, julgamos fundamental elucidá-los, a fim de reunir elementos mais consistentes que nos permitam compreender melhor as aproximações, os distanciamentos e complementaridade entre cada um deles.

A partir dessa compreensão, podemos discorrer com mais segurança sobre as metodologias e práticas pedagógicas em *m-learning* e *u-learning*. Isso é importante porque esses conceitos representam uma concepção e orientam o desenvolvimento de propostas de formação e capacitação tanto em espaços formais quanto não formais. É a partir dessa concepção que construímos nosso agir pedagógico, elegemos as metodologias e práticas a serem utilizadas, bem como desenvolvemos todo o processo de mediação pedagógica, acompanhamento e avaliação.

O que é informação?

Ao ler um livro, um jornal, uma revista, uma página na Internet; ao ouvir um programa de rádio, uma música; ao assistir a um programa de televisão ou a um filme, estamos em contato com a informação, pois o conteúdo presente nesses meios é informação. Nesse sentido, quando narramos uma situação vivida por nós, contamos uma história, apresentamos um trabalho, enfim, quando falamos algo, embora isso represente conhecimento para nós (pois foi construído ao longo da nossa história de interações), para quem nos ouve é uma informação. A informação é, então, algo passível de ser transmitido, utilizado, manipulado e transformado.

Ao trazer o conceito de informação para as práticas desenvolvidas em *m-learning* e *u-learning*, podemos questionar: como essa informação se faz presente nesses meios?

No *m-learning*, a informação é acessível, o que faz com que se torne mais 'presente' em qualquer tempo e espaço, pois, em primeiro lugar, não são necessários sequer fios para acessá-la e, em segundo, é muito mais prático e simples acessá-la em função da portabilidade das tecnologias.

Dessa forma, a mobilidade física, a tecnológica, a conceitual, a sociointeracional e a temporal (como explicitadas mais adiante) propiciam maior facilidade de acesso à informação. Isso pode propiciar maior autonomia ao sujeito, visto que, além de acessar ou capturar dados onde quer que eles se encontrem, é possível transformá-los em informação quase instantaneamente. Por exemplo, em uma saída de campo em biologia, é possível capturar vários dados do ambiente — imagens de animais e plantas em seu *habitat* natural, sons, eventos como a metamorfose de uma lagarta etc. — e publicá-los na Internet de forma muito rápida; ou, ainda, cruzá-los com outros bancos de dados para produzir uma nova informação.

No *u-learning,* isso ocorre de forma ainda mais incisiva, pois a informação pode estar em diferentes objetos com recursos computacionais, disponíveis ao sujeito sem a necessidade de que ele 'carregue' fisicamente um dispositivo tecnológico que lhe permita acessá-la. O diferencial está no fato de que esses objetos contêm sensores ou mecanismos capazes de identificar a localização do sujeito e, a partir daí, fornecer informações que sejam mais adequadas às suas necessidades naquele momento e às condições em que ele se encontra.

Dessa maneira, o sujeito pode tanto buscar a informação de que necessita quanto recebê-la 'automaticamente', por meio de avisos, alertas, enfim, recursos enviados por um sistema 'inteligente' que reconhece a localização do sujeito e o auxilia em suas necessidades. Dessa forma, o sistema pode trazer informações contextualizadas, que poderiam não ser percebidas de imediato pelo sujeito.

Por exemplo, digamos que meu dispositivo móvel tenha uma base de dados com meu perfil, meus interesses, minhas necessidades etc., e que ele esteja conectado à Internet e ao Sistema de Posicionamento Global (GPS). Durante uma viagem, ao passar por diferentes lugares, o dispositivo pode me informar o que existe em cada ponto do percurso, a partir de cruzamentos entre os dados geográficos do contexto e meus dados pessoais.

Outro exemplo se refere à reunião de pessoas em eventos ou em espaços de sociabilização, nos quais, havendo uma base de dados com os perfis dos participantes, podemos facilmente fazer contatos com outras pessoas que tenham interesses semelhantes aos nossos ou que possam complementá-los. Dessa forma também é possível formar grupos de trabalho com uma chance maior de sucesso, graças a essa análise e a esse cruzamento de perfis.

Assim, é possível levantarmos duas questões: qual é o 'papel' da informação no *m-learning* e no *u-learning*? O fato de haver mais informação ou acesso mais facilitado à informação é suficiente para que a aprendizagem ocorra?

O que é aprendizagem e como aprendemos?

Ao longo do tempo, pesquisadores que se ocupam com investigações sobre o desenvolvimento humano têm buscado compreender como ocorre a aprendizagem, ou seja, como o sujeito passa de um conhecimento menos organizado para um conhecimento mais organizado. Entre esses pesquisadores, dois biólogos merecem destaque: Jean Piaget e Humberto Maturana.

Para Jean Piaget, a aprendizagem é em geral provocada por situações externas ao sujeito e só acontece quando há uma assimilação ativa por parte desse sujeito. De acordo com o autor, "toda a ênfase é colocada na atividade do próprio sujeito, e penso que, sem essa atividade, não há possível didática ou pedagogia que transforme significativamente o sujeito" (Piaget, 1972, p. 11). Com essa afirmação, Piaget destaca a importância da ação do sujeito na aprendizagem, atribuindo a ele (o sujeito) a responsabilidade pelo seu processo de aprender. Piaget acredita que se não houver, no processo educativo, espaço para que o sujeito possa agir sobre o objeto de conhecimento, a fim de compreendê-lo, dificilmente ocorrerá aprendizagem capaz de transformar esse sujeito.

Para Humberto Maturana, a aprendizagem é o ato de transformar-se em um meio particular de interações recorrentes. De acordo com o autor, "a aprendizagem ocorre quando a conduta de um organismo varia durante sua ontogenia,[1] de maneira congruente com as variações do meio, o que faz seguindo um curso contingente nas suas interações com ele" (Maturana, 1993c, p. 82). De forma simplificada, significa dizer que ocorre aprendizagem quando um ser vivo se modifica a partir da sua história de interações com o meio.

Maturana e Rezepka (2000) afirmam que todos os seres humanos são igualmente capazes de aprender, a não ser em situações extremas de alterações neurológicas. De acordo com os autores, a forma como o ser humano aprende é

---

[1] **Ontogenia** é a história do ser vivo desde o seu nascimento até a sua morte, ou a "história de transformações de uma unidade, como resultado de uma história de interações, a partir de sua estrutura inicial" (Maturana e Varela, 2001, p. 277).

própria da condição humana, pois são seres autônomos e autopoiéticos,[2] em congruência com o meio no qual estão inseridos. Essa congruência pode provocar perturbação[3] na estrutura dos seres humanos, resultando em processos de aprendizagem na medida em que a estrutura se reconstrói ou produz novas estruturas para compensar a perturbação.

Ao trazermos o conceito de aprendizagem para o âmbito da mobilidade e da ubiquidade, podemos questionar: como essas modalidades provocam a aprendizagem dos sujeitos? Como o sujeito realiza sua autonomia e autopoiese em processos de *m-learning* e *u-learning*? O que se constitui como elemento perturbador e de que forma se dá a compensação dessa perturbação?

Aprender em processos de mobilidade e ubiquidade implica abrir-se às potencialidades que essas tecnologias oferecem. Envolve aguçar o senso de observação do entorno para perceber tais possibilidades, ser autônomo e autor do seu processo de aprender. Abrange ainda explorar, experimentar, relacionar, deixar-se provocar pelo meio, agindo e interagindo com ele, realizando aproximações e distanciamentos necessários para a significação.[4]

Assim, retomando a afirmação de Piaget, de que a aprendizagem em geral é provocada por situações externas e ocorre somente quando há, da parte do sujeito, uma assimilação ativa, podemos recuperar os exemplos citados anteriormente, relacionados à captura de informações por meio de Tecnologias da Informação e comunicação Móveis e Sem fio (TIMS), e refletir sobre elas.

Em ambas as situações — tanto na viagem quanto na reunião de pessoas em um evento —, é a informação que encontra o sujeito e, ao encontrá-lo,

---

[2] **Autopoiese** é um conceito desenvolvido por Maturana e Varela (1997; 2001), que significa a ação de produzir a si mesmo. Literalmente: "a palavra *autopoiesis* vem dos vocábulos gregos *autos*, que quer dizer 'a si mesmo', e *poiesis*, que significa 'produzir'. Ao caracterizar os seres vivos como sistemas autopoiéticos, estamos dizendo que os seres são sistemas que se produzem a si mesmos continuamente. Em outras palavras, o que dizemos com a palavra autopoiese é que os seres vivos são redes de produções moleculares em que as moléculas produzidas geram com suas interações a mesma rede que as produz" (Maturana, 1999, p. 93, tradução livre).

[3] **Perturbação** é um fator externo ao sujeito, que o desacomoda, desequilibra o seu sistema de significação.

[4] **Significação**, para Piaget, quer dizer o ato de atribuir significado, ou seja, o sujeito só aprende o que for significativo para ele.

torna 'consciente' algo que talvez não estivesse inicialmente 'presente', o que pode constituir, do ponto de vista do sujeito, uma provocação externa. Para que essa provocação se efetive em aprendizagem, ela deve, antes de tudo, estar 'presente' para o sujeito de forma que ele possa agir e interagir, e, a partir da provocação, transformá-la ao mesmo tempo em que é por ela transformado.

Do mesmo modo, podemos tomar como elemento de reflexão o que Maturana diz sobre a aprendizagem — que a congruência com o meio pode provocar perturbações na estrutura, as quais promoverão processos de aprendizagem na medida em que a estrutura se autoproduzir para compensar a perturbação. O fato de o sujeito estar em congruência com um meio que envolve mobilidade e ubiquidade (portanto, a ideia de fluxo, de processo, de mudança) reforça a compreensão de ser uma situação que pode gerar perturbações, 'obrigando-nos' a alterar nossa estrutura; autoproduzindo-nos para compensar a perturbação, o que, em última instância, leva à aprendizagem. Isso ocorre em diversos âmbitos, inclusive no que diz respeito a aprender sobre nossa própria aprendizagem, ou seja, aprender sobre como aprendemos.

Podemos agora retomar a questão apresentada anteriormente, quando discutimos o conceito de informação, a fim de refletir sobre o seu 'papel' nos processos de *m-learning* e *u-learning*: o fato de haver mais informação ou acesso mais facilitado à informação é suficiente para que a aprendizagem ocorra?

A informação, tomada como fator externo perturbador, representa apenas um dos elementos necessários à aprendizagem. Embora tenha por função perturbar a estrutura cognitiva do sujeito, ela, sozinha, não consiste em aprendizagem. São fundamentais os processos como a ação, a interação dos sujeitos sobre e com a informação, de modo que o sujeito possa assimilá-la, acomodá-la, enfim, adaptá-la, construindo uma nova estrutura ou ampliando as existentes, para compensar a perturbação causada pela informação.

O fato de a informação, a aprendizagem e o conhecimento estarem vinculados a um contexto de mobilidade e ubiquidade potencializa ainda mais o aprender, justamente em função da maleabilidade do tempo e do espaço, da facilidade de acesso, da produção e troca de informações, do compartilhamento de experiências, ideias e da socialização de conhecimentos, entre outros. Passemos agora a uma discussão mais focada na questão do conhecimento.

O que é conhecimento e como conhecemos?

Para compreender o que é conhecimento e como conhecemos, buscaremos novamente elementos em Piaget. Para o autor, o conhecimento não é mera reprodução da realidade, não é simplesmente olhar e fazer uma cópia ou imagem mental de um acontecimento. Para conhecer um objeto, é necessário agir sobre ele: "conhecer é modificar, transformar o objeto, compreender o processo dessa transformação e, consequentemente, compreender o modo como o objeto é construído" (1972, p. 1).

Na perspectiva de Piaget, o conhecimento é construído pelo sujeito que age sobre o objeto percebido, interagindo com ele, e as trocas sociais são condições necessárias para o desenvolvimento do pensamento. Piaget opõe-se ao ideal de um conhecimento impessoal, afirmando que o conhecimento como tal não existe, mas somente as pessoas em relação ao que conhecem, ou seja, o conhecimento é pessoal e depende do sujeito que conhece.

De acordo com Maturana e Varela (2001), o conhecimento é algo que o ser vivo constrói nas suas interações com o mundo: "Todo conhecer é uma ação da parte daquele que conhece". A cognição é a ação efetiva, é o processo de acoplamento estrutural,[5] em que emergem as interações com o mundo interno e externo. O que nós, observadores, entendemos por conhecimento é o que consideramos ações (comportamentos, pensamentos, reflexões etc.) adequadas àquele contexto ou domínio, as quais são validadas de acordo com nosso critério de aceitabilidade.

De acordo com Maturana e Varela (1997), viver é conhecer, e conhecer é viver, de forma que cada sujeito tem sua própria trajetória, traduzida pelos acoplamentos que realiza no seu viver e conviver. Nesse sentido, podemos dizer que o conhecimento se diferencia de informação, pois está relacionado a uma intencionalidade de quem deseja conhecer. Assim, de um modo muito simples, o conhecimento é a informação significada pelo sujeito.

Mas como se dá o conhecer no *m-learning* e no *u-learning*? Qual é o papel das trocas sociais? Como acontecem os acoplamentos nesses contextos?

---

[5] **Acoplamento estrutural** é a capacidade que os sistemas têm de utilizar elementos de outros sistemas para possibilitar suas próprias operações internas. Pelo acoplamento estrutural, um sistema "empresta" de outro sistema, que é visto como parte do ambiente daquele primeiro, as estruturas necessárias para realizar suas próprias operações.

Retomando a perspectiva de Piaget, o conhecer se dá a partir do momento em que o sujeito aprende, ou seja, ao atribuir significado à nova informação, estabelecendo relações dessa informação com o que já conhecia anteriormente. Podemos dizer que, no âmbito da mobilidade e da ubiquidade, isso pode ser facilitado pelo acesso rápido e fácil tanto à informação propriamente dita quanto a comunidades e redes virtuais que podem potencializar as trocas sociais. Dessa forma, o sujeito pode agir, interagir e transformar e, desse modo, desenvolver o seu pensamento ao compreender como ocorrem esses processos e no que eles resultam. Isso tudo levando em consideração as características de fluxo, maleabilidade e plasticidade dos contextos de *m-learning* e *u-learning*.

Além disso, o agir e o interagir do sujeito com o mundo ocorrem, segundo Maturana e Varela (2001), por acoplamento estrutural, constituindo-se dessa forma um processo simultaneamente social e individual. Vale lembrar que os acoplamentos acontecem em função dos aspectos citados anteriormente, os quais são também facilitados pela mobilidade e ubiquidade.

No que o conhecimento se diferencia da aprendizagem e da informação?

Os processos de conhecer e de aprender, embora distintos, são polos complementares que formam uma totalidade. Ambos são contínuos e se prolongam por toda a vida do sujeito.

Segundo Piaget (1972), o desenvolvimento do conhecimento é um processo espontâneo, relacionado à embriogênese (desenvolvimento do corpo, do sistema nervoso e das funções mentais), o qual precisa ser situado no contexto do desenvolvimento geral, biológico e psicológico, ou seja, na totalidade do desenvolvimento das estruturas do conhecimento. A aprendizagem, ao contrário, é provocada por situações externas específicas, que podem ser desencadeadas por um educador no desenvolvimento das ações educativas, por outros sujeitos num processo de interação, entre outras.

No que se refere à relação entre aprendizagem e informação, Becker (2008, p. 66) explica: "A aprendizagem passa por um processo de reformulação das informações, atingindo compreensão; apenas com a memória não se chega ao novo, o que se faz relacionando conhecimentos atuais com outros conhecimentos".

O fato é que estamos acostumados a nos referir aos meios como sendo portadores de conhecimento, quando na verdade eles são portadores de informação para quem os está acessando pela primeira vez. Essa informação só se transformará em conhecimento mediante a aprendizagem.

Embora seja provocada externamente (por uma informação), a aprendizagem em si (ou seja, a ação de aprender) é um 'processo interno', particular do sujeito que acessa a informação, e resulta de um complexo entrelaçamento entre a nova informação e o conhecimento já construído. Assim, para que uma nova informação se transforme em conhecimento, é necessário que o sujeito a compreenda e lhe dê significado. É por meio dessa ação mental que o sujeito cria sua rede de significados, o que lhe permite aprender, conhecer.

Mas o que acontece por dentro dessa construção de relações, dessa significação? Esse processo se realiza pela interação entre o sujeito (estruturas mentais já existentes) e o objeto de conhecimento (informação), traduzindo-se como ação mental derivada de um processo de adaptação (assimilação e acomodação)[6] e resultando em aprendizagem. Assim, a mera informação presente no meio passa a constituir-se em conhecimento desse sujeito, integrado, portanto, à sua estrutura mental.

Assim, é equivocado falar em uma 'base de conhecimento' existente em um computador. O que temos é uma 'base de informação', uma vez que o conhecimento depende da ação, da interação do sujeito com essa informação. Ou seja, o conhecimento está vinculado à aprendizagem, às relações que o sujeito estabelece entre o conhecimento que já possui e a nova informação, a fim de atribuir-lhe significado, resultando na ampliação de um conhecimento já existente ou na construção de um novo conhecimento.

É fundamental também considerarmos como princípio básico da aprendizagem a troca de informações, o compartilhamento de conhecimentos e ideias com outros sujeitos, de diferentes áreas e domínios do conhecimento humano, em diferentes funções. Aceitar a contradição, o questionamento,

---

[6] No contexto da epistemologia genética de Jean Piaget, a assimilação e a acomodação são os dois polos de uma interação entre o organismo e o meio, sendo condição de todo funcionamento biológico e intelectual. Na relação entre sujeitos e o objeto de conhecimento, a **assimilação** representa a ação do sujeito sobre o objeto e a **acomodação** representa a ação do objeto sobre o sujeito, ou seja, o resultado das pressões exercidas pelo meio.

saber escutar e expor um ponto de vista sem ser demasiadamente apegado a 'verdades', mas suficientemente aberto ao diferente, entender o outro como legítimo outro na interação, valorizando o seu conhecimento e refletindo sobre os resultados das interações — são essas condutas que propiciam o conhecer. Esse movimento, que reside na diversidade, pode provocar novidade, inovação e criatividade.

O conhecimento pode ainda ser entendido como um processo ou produto. Assim, quando nos referimos ao acúmulo de teorias, ideias e conceitos, o conhecimento surge como um produto resultante dessas aprendizagens. No entanto, como todo produto é indissociável de um processo, podemos pensar no conhecimento também como uma atividade intelectual na qual um sujeito aprende algo que até então era externo a ele, tornando-o, dessa forma, interno.

Vinculado a esses conceitos (informação, aprendizagem e conhecimento), no contexto do *m-learning*, identificamos diferentes tecnologias que podem ser utilizadas de forma integrada, dependendo dos objetivos desejados. Podemos dizer que existem tecnologias que são mais propícias para:

- **Captura de informações**: *webcam*, máquina fotográfica digital, gravador de áudio, vídeo, microfone, entre outros, que permitem ao sujeito capturar informações em situação de mobilidade.
- **Busca e armazenamento de informações**: repositórios de arquivos, bibliotecas de links, de figuras, de imagens, de sons, de referências e textos, de objetos de aprendizagem,[7] de teleconferências, os quais são facilitados também pela mobilidade.

---

[7] Segundo Wiley (2000, p. 23), um **Objeto de Aprendizagem (OA)** é qualquer recurso digital que possa ser reutilizado e ajude na aprendizagem. Os OA são elementos de um novo tipo de instrução baseada em computador, em que designers instrucionais constroem pequenos componentes instrucionais que podem ser reutilizados várias vezes em diferentes contextos de aprendizagem. Para o IEEE, um OA é qualquer entidade ou recurso digital que pode ser usado e reutilizado para fins de aprendizagem, por exemplo: uma animação demonstrando como ocorre um processo da física, um vídeo sobre um evento histórico, uma história contada em áudio etc. (IEEE P1484-12-1: Learning Object Metadata; ver mais a respeito em <http://www.ieee.org/portal/site>.) E ainda, para o projeto RIVED/MEC (Rede Interativa Virtual de Educação/Ministério da Educação), um OA é qualquer recurso digital, com um objetivo educacional claro, e que tenha algum potencial de ser reutilizado em um contexto diferente do originalmente proposto (Brasil, 2010).

- **Compartilhamento de conhecimentos,[8] ideias e experiências** (possibilidades que exigem um nível maior de interação): fóruns, chats, listas de discussão, videoconferências, diários de bordo problematizados, que podem estar presentes, por exemplo, em um Ambiente Virtual de Aprendizagem Móvel (AVAM) acessado em qualquer tempo e espaço pelos sujeitos em processo de *m-learning*;
- **Construção colaborativa e cooperativa**: possibilidades que exigem elevado nível de interação, como, por exemplo, softwares para apoiar o desenvolvimento de projetos, a resolução de casos, desafios, problemas, comunidades virtuais de aprendizagem e de prática, as quais também podem estar integradas num AVAM. Existem ainda ferramentas para construção e manipulação de 'mapas mentais', 'mapas conceituais', que constituem uma boa opção para auxiliar o sujeito na organização de seu pensamento, de sua aprendizagem e de seu conhecimento.

No *u-learning*, as informações podem ainda ser capturadas por meio de sensores ou mecanismos de localização, de forma quase imperceptível para o sujeito, por meio de sistemas integrados e 'inteligentes'. Isso dá ao sujeito opções mais adequadas para as suas necessidades em dado momento e situação de aprendizagem. Tudo está à sua disposição, cabendo ao sujeito eleger o que lhe for mais apropriado.

Diferentes tecnologias podem 'conviver' em um mesmo espaço, de forma que um meio não substitui o outro, mas o complementa. Sabemos que é ainda incipiente o uso dos recursos tecnológicos atuais para propiciar toda a riqueza potencial em processos de interação presencial física, face a face. É preciso combinar várias tecnologias para que possamos chegar próximo ao desejado. Melhor seria se o espaço de aprendizagem pudesse ser híbrido, ou seja, presencial digital virtual (com o uso de diferentes tecnologias digitais) e presencial físico (face a face). Você verá mais sobre as tecnologias para *m-learning* e *u-learning* no Capítulo 2.

Dessa forma, como a informação, o conhecimento e a aprendizagem se fazem presentes no *m-learning* e no *u-learning*?

---

[8] Lembrando que é conhecimento para quem compartilha, mas informação para quem recebe.

No *m-learning*, a informação, a aprendizagem e o conhecimento surgem num imbricamento: em determinados momentos, o sujeito, ao se sentir perturbado por alguma situação externa, busca informação e, a partir disso, caso haja necessidade, articula-se rapidamente com seus pares, nas redes das quais participa, de forma que possa construir o conhecimento relativo àquela situação, ou seja, aprender.

No *u-learning*, em situações às quais estão associados sistemas de localização e sensores, é a própria informação que 'busca' o sujeito e pode constituir-se em elemento perturbador de seu sistema de significação. Torna-se, dessa maneira um potencializador da aprendizagem, levando à ampliação do conhecimento.

A seguir, discutiremos o conceito de competências, também fundamental para a compreensão dos processos de desenvolvimento humano nesses novos contextos.

A questão das competências

Como o conceito de competências se articula com os conceitos de informação, aprendizagem e conhecimento no *m-learning* e no *u-learning*?

A temática das competências tem sido investigada por pesquisadores de diferentes áreas do conhecimento humano, tais como educação, psicologia, administração, economia, filosofia, ciência da informação, entre outras, originando uma multiplicidade de significados atribuídos ao termo.

Na maior parte das tentativas de conceituação o termo aparece relacionado a: conhecimentos, procedimentos e atitudes de ordem prática, se referindo a um saber em uso, ou um saber em ação, de forma que o enfoque do desenvolvimento de competências muda o paradigma atual da educação, o qual ainda está predominantemente centrado no ensino, paradigma este denominado por Santos (2001) e Moraes (2003) de paradigma dominante; para outro, centrado na ação do sujeito, denominado por Santos (2001) e Moraes (2003) de paradigma emergente, e por Morin (2005), de "paradigma complexo[9]".

---

[9] O **paradigma complexo**, segundo Morin (2005, p.77), "resultará do conjunto de novas concepções, de novas visões, de novas descobertas e de novas reflexões que vão se acordar, se reunir. (...) O princípio da complexidade, de todo modo, se fundará sobre predominância da conjunção complexa."

Assim, se considerarmos que aprender no âmbito do *m-learning* e do *u-learning* nos dá maior mobilidade em função do reduzido tamanho dos equipamentos e do acesso sem fio às redes de informação e às redes sociais, podemos entender que essas modalidades nos possibilitam trabalhar o espaço como fluxo e o tempo de forma maleável, de maneira que esse conjunto de possibilidades fornece a plasticidade necessária para que um conhecimento possa ser construído em uso. Ou seja, a construção do conhecimento se dá na ação do sujeito, em campo, seja este de estudo ou de pesquisa, vinculado ao ensino formal ou não formal, em contextos de formação e de capacitação organizacional e empresarial, ao longo de toda a vida.

Para que um sujeito seja capaz de atuar profissional, social e cognitivamente no mundo atual, são necessárias competências gerais e específicas. As competências gerais, entendidas como básicas ou transversais, comportam o 'aprender a aprender' (a capacidade de conhecer e compreender o conhecimento teórico de um determinado campo acadêmico), o 'aprender a fazer' (a aplicação prática e operacional do conhecimento em situações específicas) e o 'aprender a ser e a conviver' (a adoção de valores interpessoais em um contexto social). As competências específicas, por sua vez, estão vinculadas a determinado campo ou área de atuação profissional.

De acordo com a Comissão Europeia (2006 *apud* Bohlinger, 2008), **competência** é "a capacidade comprovada de utilizar o conhecimento, as aptidões [...]" (p. 18), considerando-se que 'conhecimento' é "o resultado da assimilação de informação por meio do processo de aprendizagem. [Os conhecimentos] constituem o acervo de *factos*, princípios, teorias e práticas relacionados com uma área de estudo ou de trabalho" (p. 110), ao passo que as 'aptidões' são "as capacidades de aplicar os conhecimentos e utilizar os recursos adquiridos para concluir tarefas e solucionar problemas" (p. 17). Adicionalmente, a competência é descrita "em termos de responsabilidade e autonomia" (p. 18). Consequentemente, segundo Bohlinger (2008), este conceito é utilizado no Quadro Europeu de Qualificações (QEQ) para descrever conhecimentos teóricos e/ou factuais.

> a focalização numa abordagem baseada nas competências para o desenvolvimento do QEQ assenta na atenção crescente relativamente a conceitos de processos de aprendizagem adaptativos e relativos ao local de trabalho, de

aprendizagem ao longo da vida, de aprendizagem informal e não formal e de capacidades e conhecimentos necessários à empregabilidade numa sociedade em rápida evolução (López Baigorri et al., 2006; Rigby e Sanchis, 2006; Schneeberger, 2006 *apud* Bohlinger, 2008, p. 111).

O documento da OCDE (2005) intitulado *The Definition and Selection of Competencies: Theoretical and Conceptual Foundations — DeSeCo —* apresenta um modelo de competências que integra e relaciona as demandas, os pré-requisitos cognitivos e não cognitivos e o contexto em um complexo sistema de ação. Nesse cenário, define-se competência como "a habilidade para satisfazer com êxito as exigências complexas em um contexto determinado, mediante a mobilização de pré-requisitos psicossociais que incluem aspectos tanto cognitivos como não cognitivos". A abordagem funcional, orientada à demanda, situa no centro dos resultados obtidos pelo sujeito uma ação determinada no tempo, que, por essa razão, é contextualmente dependente.

A partir dessa conceituação, é possível perceber a importância do contexto de aprendizagem (que envolve a aprendizagem em ambiente real) para o desenvolvimento de competências, o que destaca o potencial do *m-learning* e do *u-learning*, cada qual com suas especificidades, para esse alcance.

Atualmente, as competências são definidas a partir de 'perfis profissionais' e formadas por uma combinação dinâmica de qualidades, com relação ao conhecimento, sua aplicação e um conjunto de atitudes e responsabilidades. Esse conjunto de qualidades pode constituir-se nos objetivos educacionais de determinado processo de formação ou capacitação, isto é, no que os sujeitos deverão ser capazes de fazer ao final do processo de aprendizagem.

Segue-se então uma série de questionamentos:

- Podemos dizer que determinado sujeito tem competências, as quais variam dependendo da área de conhecimento e, ainda, em nível de desenvolvimento, em função das áreas com as quais ele possui maior ou menor proximidade?
- Podemos considerar um sujeito competente em determinada área quando este demonstra, por meio da sua ação, algo que desenvolveu bem e, dessa forma, tanto o processo quanto o resultado dessa ação é

reconhecido por outros e por ele próprio como 'algo bem feito e que fez bem a si e aos demais'?
- O que é necessário para desenvolver determinada competência: conhecimento, movimento de ação-reflexão-ação, 'fazer e compreender', interação com outros sujeitos, processos de 'tomada de consciência'?
- E como então avaliar competências? É possível fazer isso de forma quantitativa, atribuindo graus ou níveis de desenvolvimento?
- Qual é a relação entre uma mesma competência em diferentes contextos? Como o *m-learning* e o *u-learning* podem contribuir nesse sentido?
- Pode haver variação de nível de competência, conforme o contexto? Ou conforme o processo e o resultado da interação entre sujeitos que atuam em um mesmo projeto, mas que possuem competências distintas, e em diferentes níveis de desenvolvimento?

Para abordar essas questões, partimos da seguinte premissa: avaliações realizadas com o objetivo de quantificar competências e valorizar seu nível de desenvolvimento, sejam elas propostas no *m-learning* ou no *u-learning*, podem ser consideradas apenas um indicador superficial, que deve estar associado a processos de acompanhamento e análises em diferentes momentos e contextos, envolvendo o próprio sujeito avaliado.

Assim, como pensar no desenvolvimento de competências em um contexto de mobilidade e ubiquidade a partir do uso de TIMS (Tecnologias da Informação e comunicação Móveis e Sem fio?

É importante lembrar que toda a dinâmica que subjaz a um processo de formação ou capacitação baseado no desenvolvimento de competências em *m-learning* e *u-learning* a partir do uso de diferentes TIMS está fundamentada, mesmo que implícita ou inconscientemente, em determinadas concepções epistemológicas, as quais são apresentadas de forma breve no apêndice do Capítulo 3.

Conceitos básicos de *m-learning* e *u-learning*

Aprender com mobilidade (enquanto se está em movimento) ou de forma ubíqua (em qualquer lugar, a qualquer momento, com recursos sensíveis ao contexto do usuário) não representa algo propriamente inovador. Essas possibilidades de aprendizagem sempre foram buscadas e potencializadas com tecnologias (ainda que 'rudimentares') como livros, cadernos e outros instrumentos móveis (portáteis) há muito tempo existentes, além de ser comum aproveitarmos diversos contextos e horários para desenvolver atividades que envolvam aprendizagem. De uma maneira ou de outra, enquanto vivemos e trabalhamos, estamos sempre aprendendo, seja de maneira formal ou informal.

Entretanto, no final do século XX e no início deste século, presenciamos um novo fenômeno, que compreende a difusão da mobilidade por meio das TIMS, que nos têm possibilitado a comunicação e a utilização de recursos computacionais nos mais diferentes locais, a qualquer tempo.

Atualmente é notável a popularização de dispositivos móveis como telefones celulares, notebooks, palmtops, assistentes digitais pessoais (PDAs — *Personal Digital Assistants*), *smartphones*, aparelhos de MP3 e MP4, entre outros. Da mesma forma, as redes sem fio de diferentes tipos, tais como as de telefonia celular, redes locais sem fio (Wi-Fi), redes sem fio metropolitanas (WiMAX), permitem que estejamos conectados em diferentes locais, como escolas, colégios, universidades, cafés, aeroportos, condomínios, hotéis etc.

Essa tecnologia evoluiu rapidamente. Os primeiros sistemas de telefonia móvel, por exemplo, começaram a ser difundidos para a população em geral no início da década de 1980 (Kadirire, 2009).

Desde então, esses sistemas experimentaram enorme evolução, iniciando pela primeira geração (1G) de sistemas analógicos, para transmissão somente de voz; passando pela segunda geração (2G), com voz e limitada transmissão de dados; e alcançando as gerações atuais (2.5G e 3G), com transmissão de dados e crescente largura de banda; até culminar na quarta geração (4G), que tem uma elevada taxa de transmissão dos dados, com disponibilidade de acesso por diversos aparelhos diferentes e com alta qualidade de transmissão de voz e dados multimídia.

Na medida em que a telefonia celular evoluiu, incorporou novos recursos, como mecanismos de localização (por exemplo, o GPS), câmeras, gravadores e diversos recursos de computação.

Segundo a Anatel, em 2009, o Brasil contava com cerca de 153 milhões de aparelhos celulares (Anatel, 2010). No mundo, há cerca de 3,4 bilhões de usuários de telefonia móvel (Ling, 2009). As taxas de difusão do telefone celular superam as da maioria das tecnologias anteriores, incluindo os computadores pessoais.

Outros dispositivos móveis como notebooks e PDAs também se popularizaram a partir da década de 1980. Quanto a dispositivos móveis desenvolvidos com fins educacionais, um dos precursores foi o Dynabook (em 1968), uma espécie de notebook para uso educacional, que tinha como público-alvo as crianças.[10] Desde então, os dispositivos móveis evoluíram nos mais variados formatos e tamanhos, e incorporaram uma série de recursos que passaram a ser utilizados para fins educacionais.

Como já foi discutido neste capítulo, as TIMS oferecem um conjunto de possibilidades para a aprendizagem, permitindo, por exemplo, nossa interação com professores ou instrutores, bem como colegas ou outros indivíduos com os quais desejamos trocar informações, compartilhar ideias e experiências ou resolver dúvidas. Além disso, podemos acessar uma vasta gama de recursos e materiais didáticos, incluindo não somente texto, mas também imagem, áudio, vídeo, além de todas as possibilidades de integração de múltiplas mídias. Podemos inclusive utilizar toda a ampla gama de recursos que a Internet nos oferece para aprendizagem, incluindo e-books, artigos, vídeos, notícias on-line, conteúdos de blogs, microblogs, jogos etc.

Alguns exemplos específicos de uso das TIMS em educação:

- Acessar recursos de um ambiente virtual de aprendizagem on-line (*e-learning*) por meio de dispositivos móveis, para realizar um curso, interagir com colegas, buscar ou postar materiais em qualquer lugar ou momento (Saccol et al., 2009).
- Realizar atividades usando recursos como o SMS (*Short Message Service*), interagindo com colegas e professores para receber e enviar mensagens sobre atividades educacionais, lembretes de naturezas distintas, incluindo entrega de trabalhos, reuniões de estudo, dúvidas etc.

---

[10] Veja esse dispositivo e outros que fazem parte da história da computação em: <http://www.computerhistory.org>.

É possível também responder a fóruns de discussão usando o telefone celular (Motiwalla, 2007).
- Realizar um *quiz* pelo celular, com perguntas a serem respondidas após assistir a um vídeo ou ouvir um áudio (ver, por exemplo, Gjedde, 2008).
- Aprender com jogos móveis, acessados por dispositivos móveis e sensíveis a contextos — por exemplo, jogos em trilhas ou do tipo 'caça ao tesouro' em determinado território, apoiados por recursos de localização. Ardito et al. (2008) mostram como criaram um jogo educacional para parques arqueológicos na Itália, usando dispositivos móveis que os alunos carregam durante a exploração do ambiente.
- Captar e organizar informações ou aprendizagens que ocorreram em lugares específicos. Por exemplo: Vavoula et al. (2009) mostram um software para celulares multimídia que permite aos alunos capturar imagens, criar vídeos e acessar informações sobre objetos vistos em um museu. Cada aluno escolhe o tipo de 'coleta' que deseja fazer durante a visita. Esse material depois é organizado e trabalhado em sala de aula. Ou seja, é possível aprender de forma situada, visitando, por exemplo, um local histórico e recebendo informações específicas sobre o que ocorreu naquele local, ponto a ponto, na medida em que o visitante se desloca dentro dele.
- Acessar por meio de dispositivos móveis diferentes mundos digitais virtuais em três dimensões (MDV3D), como aqueles desenvolvidos no Metaverso *Second Life*.[11]
- Ouvir um *podcast* em MP3 com comentários ou sínteses de um professor ou colegas após uma aula. Pesquisas mostram que os alunos preferem ouvir a revisão de uma aula gravada a revisá-la com o uso de livros didáticos (Evans, 2008)[12]. Livros em áudio também são uma ótima opção para alunos ou pessoas em processo de formação, capacitação ou treinamento que se deslocam muito em viagens, às vezes até mesmo dirigindo um automóvel; ou, ainda, para aquelas que trabalham em movimento, pois permitem que continuem a desenvolver ou-

---

[11] Disponível em: <http://www.secondlife.com>.
[12] Nesta obra, Evans explica os tipos de conteúdos mais adequados para *podcasts* e como eles devem ser preparados para essa mídia.

tras tarefas enquanto aprendem. Isso sem mencionar o fato de que os aparelhos de MP3 estão entre os dispositivos móveis de menor preço e com maior facilidade de uso, o que os torna ainda mais acessíveis.
- Trabalhadores podem utilizar os mesmos dispositivos móveis que costumam usar para desenvolver suas atividades profissionais para participar de um processo formativo, capacitação ou treinamento. Por exemplo, garçons que usam computadores de mão para registrar pedidos podem usar os mesmos aparelhos para treinamento relativo a normas de higiene, segurança ou produtos a serem oferecidos; vendedores que acessam softwares de gerenciamento de vendas por meio de dispositivos móveis podem usar esses mesmos recursos para receber treinamentos sobre novos produtos, acessando informações a partir de sua identificação por leitura de código de barras em dispositivos móveis. Dessa forma, esses profissionais não precisam afastar-se de seu local de trabalho para serem capacitados ou treinados (Peters, 2005; Brown e Metcalf, 2008).
- A tecnologia móvel também apoia o ensino presencial. Algumas universidades exigem que os alunos ingressantes possuam um notebook para acompanhar as aulas. Outras universidades privadas já incluem a entrega de um notebook por aluno no ato da matrícula, estando o equipamento incluído no custo do curso.

Com isso, os aprendizes não mais precisam ficar limitados a um espaço fixo ou formal de aprendizagem. Na medida em que se deslocam, têm acesso a elementos que podem enriquecer a sua aprendizagem em contato com seu próprio mundo. Um vasto conjunto de recursos digitais pode ser vinculado a diferentes espaços físicos e eventos (por exemplo, trilhas, galerias, observação da natureza, execução de um trabalho móvel etc.), de forma sincronizada, potencializando a aprendizagem.

Os aprendizes podem não somente acessar recursos ou materiais como também capturar dados e realizar observações, e ainda gerar conteúdo de forma móvel e ubíqua. Tudo isso pode ser compartilhado em tempo real (quando necessário e disponível) e também armazenado para análises posteriores (em uma sala de aula, um local de formação, capacitação e/ou treinamento ou no conforto da própria casa). Uma ampla gama de recursos está disponível para isso. Por exemplo, com um telefone celular hoje é possível fotografar, gravar áudio, vídeo e mesmo fazer pequenas anotações. Esse conteúdo gerado também pode ser compartilhado em tempo real.

As novas possibilidades tecnológicas oferecidas alinham-se a mudanças no perfil dos novos aprendizes. É a ascensão da chamada 'geração Millennial', 'Neomillennial', 'geração digital' ou 'geração Y' (Dede, 2005), nascida após 1982. São os chamados *Homo zappiens* (Veen e Vrakking, 2009), ou 'nativos digitais' (Prensky, 2001), isto é, aqueles que nasceram em uma época na qual os computadores já estavam amplamente disseminados, e a maioria das tecnologias digitais hoje disponíveis (inclusive a Internet) já faziam parte do seu dia a dia.

Para essa nova geração, a educação tradicional, centrada no professor, desenvolvida de forma linear, fundamentalmente baseada em texto e excessivamente expositiva, não faz sentido. A nova geração está acostumada a agir em vez de passivamente assistir — basta observar a massiva adoção de jogos eletrônicos. Em vez de simplesmente absorver conteúdo, essa é uma geração acostumada a produzi-lo, tanto individualmente quanto em grupo, e compartilhá-lo em redes sociais (por exemplo, o significativo sucesso do Orkut, no Brasil), blogs, microblogs (por exemplo, o Twitter), entre outros. O conteúdo acessado e produzido por essa geração não se reduz a textos, mas envolve imagens, sons, vídeos, animações, enfim, implica a utilização de múltiplas mídias. É, em suma, uma geração 'empoderada' pelo uso massivo de tecnologia.

Para essa geração, a arena de interação é global, pois com as diferentes tecnologias digitais, especialmente as relacionadas à Internet, é possível trocar informações de toda natureza e em todos os formatos e mídias, compartilhar ideias, jogar ou realizar projetos colaborativos com pessoas ao redor do mundo.

A linearidade também não é mais a lógica dominante em termos cognitivos. A nova geração está acostumada a dividir sua atenção entre uma série de contextos (presenciais e virtuais) e tecnologias (TV, computador, celular etc.) ao *mesmo tempo*. O advento do hipertexto também potencializa a aprendizagem em forma de redes e conexões, e não mais por meio do uso de tutoriais passo a passo, apresentados de forma linear (Veen e Vrakking, 2009).

A nova geração também é movida por seus próprios interesses e curiosidades. Ela não depende mais de um professor para lhes entregar alguma informação. Dede (2005) resume as características de estilo de aprendizagem dessa nova geração:

- Bom conhecimento de diversas mídias e familiaridade com ambientes virtuais baseados em simulação (jogos, mundos virtuais em 3D etc.).
- Conhecimento 'comunitário' envolvendo conhecimentos tácitos, experiências situadas e contextualizadas, compartilhadas em grupos de interesse ou comunidades de aprendizagem e de prática.
- Representações não lineares, baseadas no estabelecimento de relações, constituindo redes.
- Busca de codesenho (*codesign*) de experiências de aprendizagem, tendo em vista a personalização segundo necessidades individuais.

Esse novo perfil de aprendiz, que está nas escolas, nas universidades e ingressando nas organizações, inspira-nos a repensar a educação. É preciso, por exemplo, repensar a forma como são estruturados e organizados os cursos, os currículos com disciplinas estanques, as metodologias, bem como as práticas e os processos de mediação pedagógica e avaliação. Isso também vale para as ações de educação corporativa. Isso não significa que o papel de um professor, instrutor ou mentor não mais seja necessário. Significa apenas que os papéis de quem ensina e de quem aprende vêm sendo redesenhados de forma contínua, em seus aspectos sociais, comportamentais, tecnológicos, entre outros.

Estudos prévios demonstram que o uso de tecnologia móvel para aprendizagem produz grande motivação entre os aprendizes mais jovens, especialmente aqueles que apresentam certo descomprometimento ou baixo desempenho (Dede, 2005; Bachfischer et al., 2008).

As novas práticas de aprendizagem considerando essas possibilidades tecnológicas estão sendo desenvolvidas neste exato instante. As tecnologias não são criadas no vácuo e seu uso efetivo depende em grande medida do sentido que elas fazem para os seus usuários. Isso significa que são os indivíduos e as comunidades que definem o quanto essas novas tecnologias serão de fato incorporadas às práticas de aprendizagem e de que forma isso será feito. Por essa razão, é necessário manter sempre uma visão crítica e atenta à compreensão dos significados e usos que essas novas tecnologias representam para a educação contemporânea, tanto no que diz respeito às suas potencialidades e benefícios quanto às suas possíveis limitações.

Por conta dessas questões, na sequência serão definidos os conceitos centrais deste livro, ou seja, o de aprendizagem móvel (*mobile learning* ou *m-learning*) e o de aprendizagem ubíqua (*ubiquitous learning* ou *u-learning*).

Definindo o *m-learning*

Em primeiro lugar, é importante ressaltar que tanto *m-learning* quanto *u-learning* são conceitos recentes, não existindo consenso nem mesmo na comunidade acadêmica a respeito de seu significado. As definições podem variar dependendo da época e dos autores que trabalham com esses conceitos.

De acordo com Traxler (2009), o *m-learning* algumas vezes é visto como uma extensão do *e-learning* (educação a distância baseada em Internet), ou seja, como o *e-learning* realizado por meio de dispositivos móveis. Em outros casos, o *m-learning* é apontado como algo diferente do *e-learning* justamente por procurar superar algumas de suas limitações, como certas barreiras de tempo e espaço impostas por uma tecnologia 'fixa', que exige acesso a computadores de mesa (desktops).

Segundo o mesmo autor, as primeiras definições do *m-learning* estavam centradas nas tecnologias, basicamente relacionando o *m-learning* à aprendizagem com o uso de dispositivos móveis. À medida que o *m-learning* se desenvolveu no meio acadêmico e empresarial, várias práticas distintas passaram a ser relacionadas a esse conceito:

- **E-learning portátil**: práticas correntes de *e-learning* podem ser reproduzidas com o uso de dispositivos móveis e sem fio, possibilitando o acesso a um ambiente virtual de aprendizagem já existente por meio de dispositivos móveis. Um exemplo é o MLE (<http://mle.sourceforge.net>).

- **Aprendizagem em sala de aula apoiada por tecnologias móveis e sem fio**: muitas iniciativas relacionadas a *m-learning* referem-se a uma mobilidade restrita, por exemplo, a alunos usando notebooks e redes sem fio em diferentes salas de aula ou dentro de determinado campus ou instalação empresarial.
- **Capacitação e treinamento móvel**: uma possibilidade de uso do *m-learning*, como indicado anteriormente, envolve práticas de capacitação e treinamento de trabalhadores móveis em campo.
- **Inclusão e diversidade**: vários projetos relacionados a *m-learning* visam a usar tecnologias móveis altamente difundidas, como o telefone celular, para prover acesso à educação a grupos sociais menos favorecidos ou que se encontram em localidades isoladas, como comunidades rurais, assim como grupos com alguma necessidade especial (por exemplo, alunos com dislexia).

Como se pode perceber, há uma extensa gama de atividades relacionadas ao conceito de *m-learning*. Com isso, é equivocado afirmar que o *m-learning* seja mera extensão do *e-learning*, pois os dispositivos móveis podem ser usados também como suporte para maximizar experiências de aprendizagem presenciais (por exemplo, estudo ou capacitação e treinamento em campo, em que professores ou instrutores e também colegas estão presentes fisicamente).

No entanto, mais do que o simples uso de tecnologias móveis e sem fio para aprendizagem, é importante caracterizar o *m-learning* por aquilo que o diferencia de outras práticas, como o *e-learning*.

Segundo diversos autores (Traxler, 2009; Kukulska-Hulme et al., 2009; Sharples, 2000; Winters, 2007), o *m-learning* pode ser caracterizado por prover os seguintes elementos:

- Maior controle e autonomia sobre a própria aprendizagem — aprendizagem centrada no indivíduo.
- Aprendizagem em contexto — no local, no horário e nas condições que o aprendiz julgar mais adequados.
- Continuidade e conectividade entre contextos — por exemplo, enquanto o aprendiz se move em determinada área ou durante um evento.

- Espontaneidade e oportunismo — possibilita que o aprendiz aproveite tempo, espaços e quaisquer oportunidades para aprender de forma espontânea, de acordo com seus interesses e necessidades.

Nesse sentido, neste livro, consideramos a seguinte definição de *m-learning*:

> O *m-learning* (aprendizagem móvel ou com mobilidade) se refere a processos de aprendizagem apoiados pelo uso de tecnologias da informação ou comunicação móveis e sem fio, cuja característica fundamental é a mobilidade dos aprendizes, que podem estar distante uns dos outros e também de espaços formais de educação, tais como salas de aula, salas de formação, capacitação e treinamento ou local de trabalho.

É necessário ressaltar que nessa definição o mais importante não é a tecnologia, mas o conceito de *mobilidade* acrescido à aprendizagem. Essa mobilidade não pode ser compreendida somente como a mobilidade física do aprendiz. Na verdade, ela se desdobra em diferentes tipos de mobilidade (conforme apontado por Lyytinen e Yoo, 2002; Kakihara e Sorensen, 2002; Sherry e Salvador, 2002; Kukulska-Hulme et al., 2009; Sorensen et al., 2008; Sharples, 2000):

- **Mobilidade física dos aprendizes**: as pessoas se deslocam e querem aproveitar oportunidades durante esse deslocamento (por exemplo, durante uma viagem ou enquanto aguardam por um transporte) para aprender.
- **Mobilidade tecnológica**: vários dispositivos móveis podem ser carregados e utilizados quando o aprendiz está em movimento, dependendo de sua necessidade e das situações propiciadas pelo ambiente no qual ele se encontra. Por exemplo, se há condições físicas e ergonômicas, pode-se usar um notebook ou um dispositivo ainda mais portátil, carregado junto ao corpo, como um celular, ou um aparelho de MP3.
- **Mobilidade conceitual**: conforme nos movimentamos, encontramos diversas oportunidades e novas necessidades de aprendizagem. Estamos sempre aprendendo, e nossa atenção tem de ser dividida entre os diferentes conceitos e conteúdos com os quais temos contato simultaneamente.

- **Mobilidade sociointeracional**: aprendemos em interação com diferentes níveis e grupos sociais, incluindo família, empresa ou colegas em um curso formal. Enquanto nos movimentamos, interagimos com esses grupos, ou com mais de um deles simultaneamente, ao utilizar tecnologias como, por exemplo, o telefone celular.
- **Mobilidade temporal**: as novas tecnologias nos permitem não só aprender em diferentes locais, mas em diferentes momentos. Elas podem inclusive enfraquecer as fronteiras entre o horário de trabalho ou de educação formal e o horário de lazer, o que tem consequências tanto negativas quanto positivas. Uma das grandes vantagens é o aproveitamento de eventuais 'tempos mortos' (por exemplo, em uma sala de espera) para a aprendizagem. Por outro lado, já está provado que realizar várias atividades em paralelo pode gerar sobrecarga.

Em suma, esses diferentes tipos de mobilidade são cruciais para o entendimento das práticas de *m-learning*. A seguir, definiremos o conceito de *u-learning*, o qual vai um pouco além da questão da aprendizagem móvel.

Definindo o *u-learning*

Como vimos, o conceito de mobilidade não pode ser considerado de forma simplista, pois, à medida que nosso contexto muda, temos de adaptar nossos objetivos, possibilidades e meios para aprender de acordo com esse contexto. Nesse sentido, um conceito mais abrangente que o de *m-learning* é o *u-learning* (aprendizagem ubíqua), originado a partir da noção de computação ubíqua proposta por Mark Weiser (1991).

A computação ubíqua diz respeito à terceira onda da computação. A primeira, dos computadores de grande porte (*mainframes*), caracteriza-se por várias pessoas acessando um único computador. A segunda onda, dos computadores pessoais (PCs), é determinada pela interação entre uma pessoa e um computador. Na terceira onda, da computação ubíqua, vários computadores são acessados por um mesmo indivíduo. Esses computadores não são necessariamente PCs, mas recursos computacionais que passam a se proliferar em uma série de objetos de uso cotidiano.

Prova disso é que, se analisarmos nosso ambiente doméstico, veremos que há chips incorporados em uma variedade de objetos como telefones celulares, carros, geladeiras, forno de micro-ondas, aparelhos de DVD, TVs digitais, tocadores de MP3 ou MP4, aparelhos de som, videogame, brinquedos, entre tantos outros.

Segundo Weiser (1991), com essa proliferação dos recursos computacionais e a melhoria das interfaces para a interação humano-computador, caminhamos para a chamada era da tecnologia 'calma' (*calm technology*), quando a computação se torna subjacente à nossa vida. Os computadores passam a ser tão naturais, tão sob medida e tão 'embutidos' em todos os locais e nos mais diferentes objetos, que tendem a se tornar praticamente invisíveis. Nós os utilizaremos quase sem pensar, tal qual ocorre com a energia elétrica atualmente.

Em termos tecnológicos, portanto, a computação ubíqua envolve não propriamente uma tecnologia portátil (móvel), mas a existência de diversos computadores interconectados por redes sem fio em cada ambiente e de protocolos de comunicação que permitem o tráfego de dados entre diferentes dispositivos e redes espalhadas por prédios, ruas, carros, enfim, em toda a parte.

Adicionalmente, a computação ubíqua inclui o uso de sensores que tornam os dispositivos computacionais 'cientes' de cada usuário e de cada ambiente, de forma 'inteligente', melhorando a interface computacional. Nessa perspectiva, o conceito de *u-learning* envolve todos os processos de aprendizagem apoiados pelas diversas tecnologias da informação e comunicação disponíveis, incluindo as tecnologias móveis e sem fio, mas não se limitando a elas. Em vez de 'carregar' fisicamente dispositivos tecnológicos que apoiem a aprendizagem, na lógica de computação ubíqua o aprendiz tem à disposição diversos objetos com recursos computacionais entre os quais escolherá o que lhe for mais apropriado em determinado momento.

Além disso, o grande diferencial do *u-learning* é que os vários dispositivos computacionais contam com sensores ou mecanismos de localização capazes de identificar a posição geográfica do usuário e oferecer a ele os recursos mais adequados às suas necessidades, conforme o ambiente que o cerca.

Na lógica do *u-learning*, o aprendiz pode tanto solicitar conteúdos ou recursos necessários à sua aprendizagem, dependendo do contexto, quanto receber, sem uma solicitação explícita, avisos, alertas, recursos e informações enviados por um sistema 'inteligente' que reconheça sua localização e o auxilie de forma contextualizada. Um sistema pode, por exemplo, indicar pessoas, objetos ou locais próximos que possam ser úteis a determinada necessidade ou aprendizagem; sem essa funcionalidade, tais recursos passariam despercebidos ao aprendiz.

O fato de a computação estar 'embutida' em vários objetos do dia a dia também torna possível a chamada 'realidade aumentada', por intermédio da qual o mundo físico se mistura ao mundo digital virtual, potencializando o conhecimento a respeito de objetos, lugares ou eventos. Um exemplo corriqueiro é utilizar um dispositivo móvel conectado à Internet para capturar a imagem de determinado local. Um software trata a imagem e a devolve com informações detalhadas sobre o local focado. Essas informações situadas sobre locais, eventos ou objetos podem facilitar o processo de aprendizagem.

Feitas essas considerações, utilizamos neste livro a seguinte definição de *u-learning*, com base em Barbosa (2007) e Barbosa et al. (2008):

> O *u-learning* (aprendizagem ubíqua) se refere a processos de aprendizagem apoiados pelo uso de tecnologias da informação ou comunicação móveis e sem fio, sensores e mecanismos de localização, que colaborem para integrar os aprendizes ao seu contexto de aprendizagem e a seu entorno, permitindo formar redes virtuais e reais entre pessoas, objetos, situações ou eventos, de forma que se possa apoiar uma aprendizagem contínua, contextualizada e significativa para o aprendiz.

Observe que a consideração do contexto do aprendiz é central para o conceito de computação ubíqua. Em outras palavras, mais que ter mobilidade, o conceito de *u-learning* indica que as novas tecnologias devem potencializar a aprendizagem situada, colocando ao alcance do usuário uma gama de recursos de aprendizagem 'sensíveis' a seu perfil, necessidades, ambiente e demais elementos que compõem seu contexto de aprendizagem (esse conceito será detalhado no Capítulo 3), em qualquer lugar e a qualquer momento.

Todas essas possibilidades decorrentes do uso de novas tecnologias digitais têm de ser ponderadas levando em consideração múltiplos aspectos, como evidenciaremos a seguir.

Os diversos aspectos envolvidos no *m-learning* e *u-learning*

Ao planejar ou analisar casos de *m-learning* e *u-learning*, é importante considerar uma série de elementos e desafios que envolvem principalmente questões relacionadas às concepções epistemológicas (ou seja, sobre como entendemos que a aprendizagem ocorre), as quais se vinculam a questões pedagógicas, tais como: metodologias, práticas e processos de mediação pedagógica, de modo a possibilitar a efetivação de processos de *m-learning* e *u-learning*.

Além dessas questões, devemos atentar também para questões de ordem tecnológica, econômica e social, entre outras, conforme veremos mais adiante.

Questões de ordem epistemológica e pedagógica

As diferentes tecnologias de informação e comunicação disponíveis hoje não têm como preocupação primária questões de ordem epistemológica e pedagógica. Elas são desenvolvidas e rapidamente disseminadas muito antes de serem utilizadas no âmbito educacional.

Com isso, as práticas de *m-learning* e *u-learning*, assim como outras que utilizam diferentes tecnologias digitais, correm o risco de assumir um enfoque fundamentalmente tecnológico, sem que as questões de cunho epistemológico e pedagógico tenham sido previamente analisadas. Por esse motivo, recomenda-se certo cuidado com o 'encantamento' diante da tecnologia em si, para que isso não comprometa a efetividade das práticas de *m-learning* e *u-learning*.

O uso de uma nova tecnologia nos processos de ensino e de aprendizagem não garante, por si só, inovação educacional. Para que isso seja possível, é necessário que o uso das novas tecnologias esteja vinculado a metodologias, práticas e processos de mediação pedagógica desenvolvidos com a compreensão da natureza e potencialidades específicas dessas tecnologias (discutiremos isso com profundidade no Capítulo 3).

É importante, por exemplo, verificar quando e de que forma o *m-learning* e o *u-learning* são relevantes para apresentar resultados superiores a outras formas de aprendizagem (por exemplo, pelo ensino 'tradicional', face a face, ou mesmo pelo *e-learning* 'fixo'). Da mesma forma, é essencial que o uso das novas tecnologias promova a aprendizagem colaborativa, crítica para a formação humana, pois o uso de tecnologias móveis (carregadas e usadas individualmente) não suplanta a necessidade de contato humano, compartilhamento de ideias, experiências e diferentes pontos de vista, conforme discutimos no início deste capítulo.

Sabemos que em muitos contextos a educação a distância em geral e o *e-learning* em particular ainda são vistos com preconceitos, desconfianças e ressalvas. O mesmo pode ocorrer em relação ao *m-learning* e *u-learning*, que da mesma forma possibilitam ao indivíduo aprender sem a necessidade de proximidade e presença física.

Nesse sentido, é preciso desenvolver e testar novas metodologias, práticas e processos de mediação pedagógica, no âmbito da utilização das novas TIMS para fins de ensino e aprendizagem, além de formar e capacitar os profissionais envolvidos e educar os próprios aprendizes sobre como e quando aprender a partir dessas novas modalidades.

Por exemplo, em boa parte das instituições formais de ensino o uso de telefones celulares é restrito, por uma espécie de convenção social. Essa prática precisa ser revista se esse dispositivo for usado com fins educacionais. Por outro lado, sabe-se que a probabilidade de distração por parte dos aprendizes e interrupções provocadas pelo uso das tecnologias móveis é muito alta e precisa ser gerenciada.

Questões de ordem tecnológica e econômica

Existe uma extensa variedade de tecnologias que podem ser utilizadas para práticas de *m-learning* e *u-learning*, incluindo diferentes tipos de dispositivos (telefone celular, *smartphones*, PDAs, notebooks, netbooks, aparelhos de MP3, MP4 etc.), redes sem fio (Wi-Fi, Bluetooth, WiMAX, telefonia celular, via satélite etc.), entre outras. Essas tecnologias são explicadas detalhadamente no Capítulo 2.

As escolhas tecnológicas precisam estar vinculadas, contudo, às concepções epistemológicas de quem planeja e implementa atividades educacionais via *m-learning* ou *u-learning*. Isso se vincula a questões pedagógicas como metodologias, práticas e processos de mediação. E, dependendo da tecnologia utilizada, são disponibilizados recursos e potencialidades que poderão privilegiar determinadas práticas de ensino e aprendizagem, em detrimento de outras.

Por exemplo, se adotamos uma concepção epistemológica de que o conhecimento é fruto de uma construção do indivíduo feita em colaboração com professores e colegas, devemos selecionar tecnologias que permitam interação intensiva entre as pessoas, por exemplo, por meio de ambientes virtuais que disponibilizem fóruns, chats, espaços para compartilhamento de projetos, arquivos de interesse comum etc. Isso exige dispositivos com interface, memória e capacidade de processamento adequados para o uso dessas ferramentas, assim como largura e disponibilidade de banda para troca intensiva de mensagens e conteúdos etc.

As escolhas tecnológicas devem também estar subordinadas a questões de acessibilidade e ergonomia, bem como a critérios econômicos (relação custo-benefício envolvida). Por exemplo, no Brasil, até o momento, o custo da telefonia celular é um dos mais elevados do mundo, sendo que a maioria dos contratos de acesso é do tipo pré-pago. Isso restringe a acessibilidade por parte do grande público a uma conexão à Internet via celular. As redes locais sem fio, por sua vez, ainda não estão disponíveis na maioria das localidades (ou estão a um custo elevado), bem como ainda tendem a apresentar certa instabilidade.

Outro desafio de ordem tecnológica é a superação das limitações de interface dos dispositivos móveis, em virtude do reduzido tamanho da tela e do teclado, o que dificulta a leitura e a criação de textos, por exemplo. Mesmo objetos de aprendizagem baseados em animações e sons precisam ser adaptados à interface de um dispositivo móvel.[13]

Os dispositivos móveis não foram desenhados especificamente para atividades educacionais, por isso é necessário que seu uso, com essa finalidade, seja muito bem planejado. É preciso desenvolver recursos utilizando outras mídias mais amigáveis ou o desenvolvimento de novas interfaces mais eficientes (por exemplo, reconhecimento de voz com acurácia).

Outra questão a destacar é que o grau de obsolescência dos dispositivos móveis também é elevado. Muitas vezes, quando um usuário começa

---

[13] A respeito dessa questão, ver Churchill e Hedberg (2008).

a realmente dominar o uso de um dispositivo (por exemplo, um aparelho de telefonia celular), ele já o troca por um modelo mais avançado, o que demanda nova curva de aprendizagem (Kukulska-Hulme, 2007). Esse alto grau de obsolescência também gera um custo elevado para o acesso à tecnologia mais avançada.

Outro ponto importante é a inexistência de um padrão único de dispositivo e de sistema operacional para aparelhos móveis. Isso significa que um software ou um site Web de uso educacional ou para treinamento desenhado para um tipo de dispositivo móvel pode não funcionar a contento quando acessado por outro dispositivo.

Ainda no que tange às questões econômicas, é necessário também observar o custo de manutenção e o risco de perdas, roubos ou quebras de dispositivos móveis que, justamente por serem portáteis, apresentam maior fragilidade.

Se uma instituição de ensino ou empresa investe em dispositivos e conexão móveis (por exemplo, por telefonia celular), deve observar se os aprendizes possuem discernimento e responsabilidade para usá-los adequadamente, não expondo os equipamentos ou eles mesmos a situações perigosas. É necessário capacitar os aprendizes para o uso correto da tecnologia móvel e atribuir-lhes responsabilidade pelo manuseio (por exemplo, funcionários de uma empresa podem assinar um termo de responsabilidade pelo aparelho). Por outro lado, isso pode constranger ou limitar o envolvimento dos aprendizes, pois sabe-se que os dispositivos móveis são mais bem utilizados tanto quanto os indivíduos se sintam proprietários da tecnologia.

Questões de ordem contextual e social

Considerar o contexto físico e social que cerca o *m-learning* e o *u-learning* é de fundamental importância, como será detalhadamente explicado no Capítulo 3.

Exemplificando, quanto ao contexto físico, uma das barreiras para as práticas de *m-learning* no Brasil é a falta de segurança em locais públicos para os usuários de dispositivos móveis (ou seja, há perigo de roubos, assaltos etc.). Por outro lado, além do acesso aos recursos computacionais (móveis ou não), o usuário necessita também de algumas condições de conforto físico, como sentar-se ou apoiar-se para escrever ou ler, ter baixo nível de ruído ambiental, luminosidade adequada para não reduzir a visibilidade das telas de dispositivos móveis etc. Sem essas condições mínimas, a aprendizagem pode ser prejudicada, pois a atenção e disposição do indivíduo ficam comprometidas.

No que se refere ao contexto social, também merecem atenção as regras de conduta e etiqueta adequadas ao local ou evento no qual se encontra o aprendiz. Por exemplo, um chat por voz oferece uma interface mais amigável que a inserção de texto em um dispositivo móvel miniaturizado. Entretanto, dependendo do local ou evento, o uso desse recurso para aprendizagem pode ser inconveniente, desrespeitoso ou até mesmo ofensivo. Da mesma forma, interrupções causadas por mensagens ou chamadas de um professor, instrutor ou outros aprendizes podem tanto perturbar e gerar sobrecarga para quem as recebe quanto causar constrangimento e atrapalhar outras interações presenciais igualmente importantes.

Nesse aspecto, uma questão fundamental se relaciona à possível invasão de privacidade decorrente das práticas de *m-learning* e *u-learning*, uma vez que as fronteiras entre trabalho e vida pessoal, ou horários de educação formal e horários de lazer, se tornam mais tênues. A flexibilidade decorrente da quebra dessas fronteiras deve ser contrabalanceada com a preservação da qualidade de vida dos aprendizes, que, por sua vez, condiciona a qualidade da aprendizagem em si. A permanente acessibilidade e rastreabilidade dos indivíduos pode gerar ansiedade, aumentar o senso de urgência, acarretando sobrecarga e estresse (Saccol, 2005).

Ainda no que se refere ao contexto social, outro aspecto importante é o da inclusão digital. Na realidade brasileira, em que o telefone celular possui um nível de difusão superior ao do computador pessoal nas classes menos favorecidas economicamente, há grande oportunidade para utilizar essa tecnologia com fins educacionais. Isso, contudo, tem uma série de outras implicações de ordem econômica e tecnológica, conforme comentado anteriormente, que devem ser analisadas.

Há necessidade de desenvolver competências não só para uso específico das TIMS na aprendizagem, mas também em relação a outras práticas que são pré-requisitos para o *m-learning* e *u-learning*, como conhecimento e domínio da computação pessoal em geral, habilidades de leitura, interpretação e autoria de conteúdos, pesquisa, autonomia para aprender de forma contínua e colaborativa etc.

Benefícios e limitações do *m-learning* e *u-learning*

Buscando uma síntese do que tratamos até aqui, o Quadro 1.1 contrapõe uma série de benefícios e limitações a serem considerados em relação às práticas de *m-learning* e *u-learning*.

É importante ressaltar que esse conhecimento é provisório, pois tanto as TIMS quanto as práticas de aprendizagem evoluem a passos largos. Quanto à tecnologia, esta se tornará mais madura, provavelmente mais acessível em termos de custo, com maior estabilidade e com interfaces mais amigáveis. As práticas pedagógicas relacionadas ao *m-learning* e *u-learning* também devem amadurecer, conhecendo-se com mais profundidade como explorar devidamente as novas possibilidades e oportunidades oferecidas.

Por ora, consideramos que tal comparativo pode estimular uma visão crítica e dialética sobre o *m-learning* e *u-learning*, subsidiando aqueles que adotam ou estão analisando a adoção dessas práticas.

QUADRO 1.1   Benefícios e limitações do *m-learning* e *u-learning*

Benefícios	Limitações
Flexibilidade (aprendizagem em qualquer local ou horário)	O tempo de duração das atividades de aprendizagem e a quantidade de conteúdo podem ser limitados
A aprendizagem situada (em campo, no trabalho etc.) estimula a exploração de diferentes ambientes e recursos e a sensação de 'liberdade de movimento' por parte dos aprendizes	Barreiras ergonômicas dos dispositivos móveis limitam o uso de determinados recursos (por exemplo, texto)
A aprendizagem centrada no aprendiz, personalizada, pode colaborar para uma maior autonomia do indivíduo	Deve-se estimular o relacionamento e a colaboração com outros aprendizes ou facilitadores, instrutores, professores etc., evitando o isolamento

Rapidez no acesso à informação e interação (em tempo real, em qualquer local)	Interações rápidas e superficiais podem trazer prejuízos à necessidade de aprendizagens mais elaboradas e também às atividades que demandam colaboração de forma intensiva
Aproveitamento de 'tempos mortos' para atividades educacionais	A atenção do aprendiz pode ser prejudicada por causa de outras atividades ou estímulos ambientais paralelos (por exemplo, barulho, interrupções etc.)
Aproveitamento de tecnologias largamente difundidas na sociedade (por exemplo, telefonia celular) como ferramentas educacionais	A tecnologia móvel e sem fio ainda não é madura, pode apresentar instabilidade — indisponibilidade, além de sofrer rápida obsolescência
Apelo estimulante pela exploração de novas tecnologias e práticas inovadoras	Pode haver foco excessivo na tecnologia (tecnocentrismo) em detrimento dos objetivos reais de aprendizagem. É necessário que os aprendizes e professores (ou instrutores) tenham bom domínio tecnológico (computação pessoal etc.) e saibam utilizar as TIMS
O *m-learning* e o *u-learning* podem colaborar para viabilizar atividades educacionais por diferentes classes sociais e em diferentes áreas geográficas	O custo de conexão pode ser mais elevado, com risco de tornar-se inviável para os menos favorecidos economicamente. As limitações ergonômicas dos dispositivos móveis podem ser particularmente inapropriadas para usuários com necessidades especiais
O *m-learning* e o *u-learning* podem ser utilizados para complemento e enriquecimento de outras formas de ensino (presencial face a face *e-learning*)	É necessário um planejamento cuidadoso do uso e da combinação entre modalidades de ensino, para não gerar redundância ou sobrecarga
O *m-learning* e o *u-learning* podem suprir a necessidade de formação de pessoas ou profissionais móveis (que têm dificuldade em se afastar do trabalho ou outras atividades)	É preciso que os profissionais móveis tenham condições contextuais (físicas, temporais etc.) para aprender de forma efetiva através do *m-learning* ou do *u-learning*

Como mostra o Quadro 1.1, o *m-learning* e *u-learning* não são uma panaceia para toda e qualquer necessidade educacional. Eles trazem uma série de possibilidades, mas também apresentam limitações.

Por essa razão, uma abordagem lógica indica que a adoção dessas modalidades depende de:

- Urgência da aprendizagem.
- Grau de mobilidade dos aprendizes.
- Contexto no qual está o aprendiz (por exemplo, no trabalho de campo, em um museu, em um sítio arqueológico etc.).
- Disponibilidade ou efetividade de outras modalidades educacionais. Por exemplo, no caso de trabalhadores móveis (vendedores, técnicos, consultores etc.), cada hora fora do campo de trabalho repercute em perda de receita para a empresa e para o profissional (se ele é comissionado). Nesses casos, o *m-learning* pode viabilizar processos de formação, capacitação e treinamento que de outra forma não ocorreriam ou implicariam negócios perdidos.
- Da disponibilidade de tempo ('tempos mortos') ou busca de conforto pelo aprendiz, para aprender no ambiente que desejar (em sua própria cama, em uma área verde etc.) e pelo motivo que preferir — necessidade, curiosidade ou satisfação.

Considerando esses diferentes benefícios e limitações do *m-learning* e *u-learning*, pode-se perceber que as tecnologias móveis possibilitam várias mudanças, que devem intensificar-se conforme a tecnologia se tornar mais 'inteligente', eficiente e amigável, ao mesmo tempo em que os usuários e os aprendizes aprenderem a dominá-la e utilizá-la em seu pleno potencial.

Os alunos também demandam e provavelmente demandarão cada vez mais formas de aprendizagem personalizadas e que permitam a cocriação de valor. À medida que os alunos têm acesso à informação e à interação em tempo real em qualquer local ou horário, eles podem colaborar com colegas e outras pessoas que nem mesmo façam parte de seu círculo de educação formal. Com isso, a 'distância' entre aquele que aprende e aquele que ensina fica cada vez menor. Isso exige um repensar de funções e papéis.

Devem ocorrer mudanças até mesmo na infraestrutura física das instituições de ensino. No futuro, por exemplo, talvez não mais faça sentido uma instituição oferecer um laboratório de informática (Dede, 2005). A tecnologia estará em todo lugar, e isso afetará a própria concepção que hoje temos sobre o que é um espaço para ensino e para a aprendizagem e como ele deve ser estruturado.

O suporte para usuários de dispositivos móveis, que se deslocam e estudam nos mais variados locais, também é um novo desafio em termos técnicos e pedagógicos. Os espaços educacionais formais não desaparecerão, mas deverão mudar. Como já mencionado, essas mudanças estão sendo definidas neste exato instante.

2 Tecnologias para *m-learning* e *u-learning*

O objetivo deste capítulo é apresentar uma visão geral sobre as tecnologias digitais consideradas estratégicas para o desenvolvimento das modalidades educacionais *m-learning* e *u-learning*. Em vez de buscar uma discussão exaustiva e detalhada sobre essas tecnologias, preferimos abordá-las de maneira a permitir uma ampla visão àqueles que desejam conhecer e realizar ofertas educacionais nessas modalidades.

As principais tecnologias digitais

Nas últimas décadas, o surgimento e a consolidação das tecnologias relacionadas aos computadores pessoais e às redes de comunicação ocasionaram uma migração dos sistemas computacionais centralizados (como os *mainframes*) para **sistemas distribuídos**. Um sistema distribuído consiste em dois ou mais computadores interligados por uma rede de comunicação, sendo usados conjuntamente para realização de uma atividade. A difusão da Internet impulsionou significativamente a adoção dos sistemas distribuídos, gerando uma ampla gama de aplicações, entre as quais se destaca atualmente a educação a distância (EAD) baseada na Internet, também chamada de *e-learning*.

Nos últimos anos, a proliferação de computadores portáteis (como notebooks, *handhelds* e *smartphones*) e a exploração de tecnologias de interconexão baseadas em comunicação sem fio (como Wi-Fi[1], Bluetooth[2], WiMAX[3] e telefonia 3G) estimulou o surgimento da **computação móvel**. Essa nova tecnologia amplia o escopo dos sistemas distribuídos, viabilizando a mobilidade dos computadores. Com isso, o usuário pode deslocar-se

---

[1] <http://www.wi-fi.org>.

[2] <http://www.bluetooth.com>.

[3] <http://www.wimaxforum.org>.

no espaço físico carregando um computador portátil, mantendo, com isso, a capacidade de conexão com uma rede de comunicação. Amplia-se, assim, o potencial de exploração dos sistemas distribuídos, com o surgimento de inúmeras aplicações que exploram a mobilidade. Nesse cenário, surgiu o *m-learning*, ou seja, o uso da computação móvel como tecnologia para o ensino e aprendizagem.

Conforme visto no Capítulo 1, diversas são as aplicações das Tecnologias da Informação e comunicação Móveis e Sem fio (TIMS) para atividades educacionais. Merecem destaque os projetos de desenvolvimento de Ambientes Virtuais de Aprendizagem Móvel (AVAMs), os quais propiciam o acesso a ofertas de educação a distância por meio do uso de dispositivos móveis — entre eles podemos citar os projetos Momo[4] e MLE[5], relacionados ao ambiente Moodle[6], e o AulaNetM vinculado ao ambiente AulaNet.[7]

Destaca-se ainda, o uso da computação móvel no desenvolvimento de competências em ambientes corporativos, conforme proposto pelo projeto COMTEXT®, que será abordado no Capítulo 4.

O surgimento da computação móvel introduziu um fator antes inexistente nos sistemas computacionais. Os usuários podem deslocar-se usando dispositivos tecnológicos e mantendo a conexão com redes de comunicação sem fio, além de ter sua localização usada para disponibilização de serviços computacionais em lugares específicos.

Nesse cenário, os **sistemas de localização** (Hightower e Borrielo, 2001) tornam-se estratégicos. Um sistema de localização permite a determinação da posição geográfica de um dispositivo móvel, que pode ser um computador portátil. Essa informação pode ser obtida por meio de diferentes estratégias, mas atualmente sua ampla adoção vem sendo impulsionada principalmente pelo posicionamento baseado em satélites (em especial pelo uso de GPS) e pela triangulação de antenas de telefonia móvel.

A computação móvel aliada aos sistemas de localização tornou possível o surgimento da **Computação Baseada em Localização** (LBC — *Loca-*

---

[4] <http://www.mobilemoodle.org>.
[5] <http://mle.sourceforge.net>.
[6] <http://moodle.org>.
[7] <http://www.eduweb.com.br/produtos-e-servicos/tecnologia/aulanet>.

tion-Based Computing). Na LBC, as aplicações computacionais realizam a prestação de **Serviços Baseados em Localização** (LBS — *Location-Based Services*), conforme discutido por Steven (2009).

Usuários de computação móvel podem mudar continuamente de ambiente. Potencialmente, os ambientes visitados possuem informações que podem ser usadas para concretização de seus objetivos. Do ponto de vista computacional, um conjunto de informações vinculadas a um determinado ambiente recebe o nome de **contexto** (Dey, 2001).

Os programas computacionais podem guiar sua execução de acordo com as informações de contexto, permitindo assim que as aplicações se adaptem às situações do ambiente. Por exemplo, um aprendiz carregando um computador portátil pode receber informações de oportunidades pedagógicas disponíveis no ambiente visitado, como a indicação de objetos de aprendizagem e outros aprendizes que estão no ambiente e podem ajudá-lo na aprendizagem.

Surge assim a **computação ciente de contexto** (*context-aware computing*), ou seja, uma computação móvel que se adapta à exploração de oportunidades nos ambientes visitados.

Nesse cenário, informações de cada usuário podem ser usadas para aprimorar as aplicações, permitindo a personalização por meio do uso conjunto dos **perfis de usuários** e das informações de contexto.

Essa estratégia vem sendo usada em ambientes de aprendizagem que exploram contextos, como o sistema LOCAL® (Barbosa et al., 2008) criado no Laboratório de Pesquisa e Desenvolvimento em Computação Móvel (MobiLab)[8] na Unisinos. O LOCAL® será descrito em detalhes no Capítulo 4.

Conforme vimos no Capítulo 1, em 1991, Mark Weiser[9] escreveu um artigo no qual cunhou o termo computação ubíqua, para descrever um tipo de computação sempre presente e completamente adaptada ao cotidiano, tornando seu uso natural e até mesmo imperceptível.

As tecnologias discutidas nesta seção colaboram para a concretização da computação ubíqua, mas não são suficientes para isso. Conforme afirma Satyanarayanan no clássico artigo publicado em 2001, a ubiquidade na computação implica a existência de ambientes cotidianos saturados de

---

[8] <http://www.inf.unisinos.br/~mobilab>.

[9] <http://sandbox.parc.com/weiser>.

computadores e sensores, interagindo para servir ao usuário da forma mais transparente possível.

No caso ideal, esses serviços deverão estar disponíveis em qualquer lugar e em qualquer momento. Em 1996, Mark Weiser e John Brown previram que, entre os anos de 2005 e 2020, a computação ubíqua se tornaria o paradigma computacional dominante. Apesar de isso ainda não ter acontecido, a tecnologia para sua concretização vem avançando rapidamente.

A disseminação da computação ubíqua, da mesma forma que a Internet, ocasionará um impacto significativo em diferentes áreas de atuação da sociedade. Entre essas áreas destaca-se a educação.

No cenário do *u-learning*, novos pressupostos educacionais devem ser pensados, uma vez que ele propicia acesso a uma grande diversidade de informações, disponíveis em distintos meios e mídias, acessáveis a qualquer momento e em qualquer lugar.

O suporte ubíquo permite a construção de programas de aprendizagem relacionados a questões dinâmicas do contexto do aprendiz. O ambiente pode controlar as aplicações orientadas à educação, possibilitando que o contexto seja vinculado aos objetivos pedagógicos.

A educação neste cenário será cada vez mais dinâmica e os recursos educacionais estarão distribuídos em contextos. Baseados nos objetivos do aprendiz, os sistemas educacionais podem gerar intervenções do tipo: "um material/uma pessoa/um dispositivo que se relaciona com seu objetivo pedagógico está disponível nesse contexto". Além do LOCAL®, outras propostas em direção a este cenário estão surgindo, como o GlobalEdu (Barbosa et al., 2006).

Computação móvel

As duas principais tecnologias relacionadas à computação móvel são os computadores portáteis e as redes de comunicação sem fio. Esta seção apresenta uma visão geral dessas tecnologias, discutindo cada uma delas em uma subseção específica.

Computadores portáteis

Um computador é considerado portátil se o usuário consegue transportá-lo de forma confortável nas atividades do seu cotidiano. Além disso, a portabilidade normalmente está vinculada à capacidade de uso do computador, mesmo sem acesso a uma rede de energia elétrica. Nesse caso, o equipamento deve ter uma bateria que suporte seu uso por um período razoável.

Inicialmente, os notebooks eram os principais computadores com essas características. No entanto, a contínua miniaturização dos dispositivos eletrônicos estimulou o surgimento de computadores ainda mais portáteis que ele, os quais atualmente podem ser classificados em dois grupos: *handhelds* e *smartphones*.

Handhelds

Os *handhelds*, também conhecidos como PDAs (*Personal Digital Assistants* — assistentes digitais pessoais), são computadores de mão orientados para a realização de atividades básicas, tais como o gerenciamento de dados pessoais. Os *handhelds* mais atuais suportam um poder computacional considerável e diferentes capacidades de comunicação sem fio, possibilitando assim uma ampla mobilidade do usuário.

Atualmente, os dois principais padrões de *handhelds* são o Palm®[10] e o Pocket PC. Basicamente, esses padrões de equipamentos se diferenciam pelo sistema operacional que suportam. Os equipamentos do padrão Palm usam o sistema operacional Palm OS. Os dois principais tipos de *handhelds* da empresa Palm são o Zire® e o Tungsten®. Por sua vez, os equipamentos do padrão Pocket PC usam o sistema operacional Windows Mobile[11]. Atualmente, a Palm disponibiliza um *smartphone* que não utiliza o Palm OS, mas o Windows Mobile. Esse fato indica que a empresa considera o Windows Mobile uma alternativa no mercado de computadores portáteis. Destacam-se ainda, os esforços no sentido de adoção do Unix como sistema operacional para *handhelds*.[12]

---

[10] <http://www.palm.com/br>.
[11] <http://www.microsoft.com/brasil/windowsmobile>.
[12] <http://www.handhelds.org>.

Smartphones

Apesar de os *handhelds* terem sido amplamente adotados, existe uma tendência de convergência tecnológica entre eles e os telefones celulares. Essa convergência ocasionou o surgimento dos *smartphones*. Um *smartphone* consiste em um *handheld* com acesso a telefonia móvel. A adoção desses computadores de mão com acesso a telefonia está crescendo rapidamente e existe uma forte tendência de que eles substituam completamente os *handhelds*.

Atualmente há grande variedade de fabricantes de *smartphones*. Segundo um relatório do Gartner Group,[13] em 2009, foram vendidos, no mundo, aproximadamente 172 milhões de *smartphones*. Esse mercado foi compartilhado principalmente pelas seguintes empresas: Nokia[14], Research in Motion (fabricante do BlackBerry[15]), Apple (fabricante do iPhone®[16]) e HTC[17]. Em 2008, haviam sido vendidos aproximadamente 139 milhões de equipamentos, implicando assim um crescimento anual de vendas próximo de 24 por cento, mesmo com a crise financeira mundial.

Os *smartphones* usam uma variedade de sistemas operacionais, entre os quais podem ser citados: Symbian[18], BlackBerry OS, Windows Mobile, iOS (sistema do iPhone®), Unix e Palm OS. Nesse cenário merece destaque ainda o lançamento do sistema Android, desenvolvido por um grupo de empresas de tecnologia e telefonia celular.[19]

Redes de comunicação sem fio (*wireless*)

Uma rede sem fio consiste em uma tecnologia que permite a comunicação entre computadores sem o uso de cabos, normalmente tendo a radiofrequência (ondas de rádio) como meio de transporte de dados.

---

[13] <http://www.gartner.com>.
[14] <http://www.nokia.com.br>.
[15] <http://br.blackberry.com>.
[16] <http://www.apple.com/br>.
[17] <http://www.htc.com/br>.
[18] <http://www.symbian.org>.
[19] <http://www.openhandsetalliance.com/>.

Entre as tecnologias de comunicação sem fio mais utilizadas atualmente, destacam-se o Infravermelho (*infrared*), o Bluetooth, o Wi-Fi, o WiMAX e a telefonia 3G. Essas tecnologias permitem a criação de redes sem fio, que podem ser classificadas em dois grupos:

- **Redes infraestruturadas** (Figura 2.1(a)): esse tipo de rede envolve uma infraestrutura fixa, baseada em antenas de radiofrequência dedicadas ao suporte da comunicação. As antenas normalmente são denominadas pontos de acesso. Os computadores móveis usam essa infraestrutura para acesso a rede e, por meio dela, podem trocar informações com outros computadores. Entre os principais exemplos de redes infraestruturadas encontram-se o Wi-Fi, o WiMAX e a telefonia 3G.
- **Redes *ad hoc* (MANET —** *Mobile Ad Hoc NETwork*) (Figura 2.1(b)): nesse tipo de rede os computadores trocam informações diretamente entre si, sem usar uma infraestrutura adicional. Nesse caso, os computadores devem suportar o mesmo padrão de comunicação. Atualmente, entre esses padrões se destacam o Bluetooth e o Infravermelho. Normalmente, as redes *ad hoc* são usadas para troca de informações locais, entre computadores portáteis que estão fisicamente próximos.

Uma classificação adicional para as redes sem fio pode ser realizada de acordo com a sua área de abrangência:

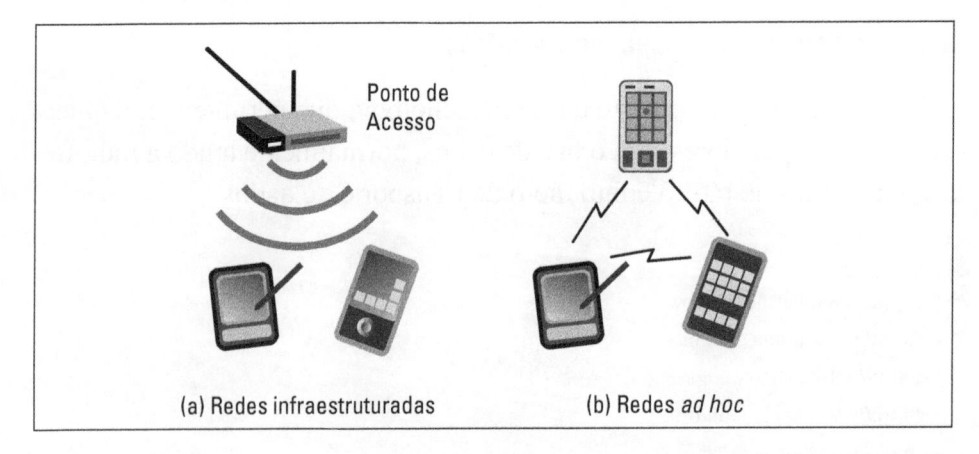

Figura 2.1 Classificação de redes sem fio (*wireless*)

- **WPAN** (*Wireless Personal Area Network*): esse tipo de rede também é conhecida como rede pessoal ou rede de curta distância. Normalmente é uma rede *ad hoc* que suporta a comunicação entre computadores que estão a uma distância de poucos metros entre si. O Bluetooth e o Infravermelho são padrões de comunicação usados para a criação de redes WPAN. O Infravermelho suporta transmissão de dados de baixa velocidade, a uma distância de poucos metros, necessitando ainda que não existam obstáculos entre os equipamentos. O Bluetooth, por sua vez, suporta uma transmissão mais veloz, a uma distância maior (dezenas de metros) e não restringe a comunicação em função dos obstáculos.
- **WLAN** (*Wireless Local Area Network*): consiste em uma rede infraestruturada que possui maior abrangência que a WPAN. Assim, ela possui um ponto de acesso (uma antena) que permite aos computadores portáteis a conexão a uma rede de comunicação. Nas WLANs, a distância de conexão entre o ponto de acesso e os computadores portáteis varia de acordo com a tecnologia utilizada. Por exemplo, na tecnologia Wi-Fi uma distância de cem metros é considerada adequada. No caso da telefonia 3G, o alcance envolve poucos quilômetros. Atualmente, as WLANs estão proliferando com rapidez, principalmente em virtude da ampla difusão de antenas Wi-Fi, as quais estão sendo instaladas em ambientes acadêmicos, comerciais, aeroportos e residências.
- **WMAN** (*Wireless Metropolitan Area Network*): esse tipo de rede infraestruturada tem uma cobertura metropolitana, ou seja, sua região de abrangência envolve grandes distâncias. Sendo assim, uma WMAN pode ser usada para disponibilizar conexão sem fio para toda uma cidade. Atualmente, o padrão WiMAX vem sendo considerado um dos principais suportes à criação de WMANs. Essa tecnologia suporta a comunicação sem fio a uma distância de dezenas de quilômetros da antena.

Tecnologias de localização

A computação móvel permite aos usuários deslocar-se com seus computadores, mantendo a conexão com as redes de comunicação sem fio. Sendo assim, a localização do usuário passa a ser uma informação estratégica. Atualmente, destacam-se duas tecnologias para localização: o **posicionamento de satélites** e a **triangulação de antenas**.

Posicionamento de satélites

O sistema de posicionamento de satélites (Figura 2.2) baseia-se em um conjunto de satélites que emitem sinais de rádio, os quais são captados por um receptor móvel que calcula a localização em coordenadas terrestres.

Atualmente, existem em funcionamento dois sistemas de localização por satélite: o **GPS**[20] e o **Glonass**[21]. O primeiro é controlado pelo Departamento de Defesa dos Estados Unidos. Apesar de ter sido desenvolvido para uso militar, atualmente o sistema GPS está disponível para aplicações civis. O segundo é controlado pelo governo russo e não vem sendo amplamente usado em aplicações civis. Além disso, existem dois novos sistemas sendo instalados: o **Galileo**,[22] controlado pela Comunidade Europeia, e o **Compass**,[23] controlado pelo governo chinês.

A adoção do sistema GPS atualmente vem sendo impulsionada pelo seu amplo uso nos *smartphones*. Uma das principais limitações do GPS consiste na necessidade de acesso aos sinais dos satélites, os quais são reduzidos em ambientes fechados.

Uma tecnologia chamada **A-GPS** (*Assisted GPS*) busca maior precisão para as informações de localização. O sistema A-GPS complementa as informações recebidas diretamente dos satélites por meio do acesso por telefonia móvel a servidores que possuem informações precisas sobre o posicionamento desses satélites. A criação do sistema A-GPS foi impulsionada

---

[20] <http://www.gps.gov>.
[21] <http://www.glonass-ianc.rsa.ru>.
[22] <http://www.esa.int/esaNA/galileo.html>.
[23] <http://en.wikipedia.org/wiki/Compass_navigation_system>.

pelas exigências estabelecidas pelo governo norte-americano para as empresas de telefonia móvel, estabelecendo regras de localização de usuários de telefonia móvel que fizessem ligações de emergência (*Enhanced Wireless Service 911*).[24]

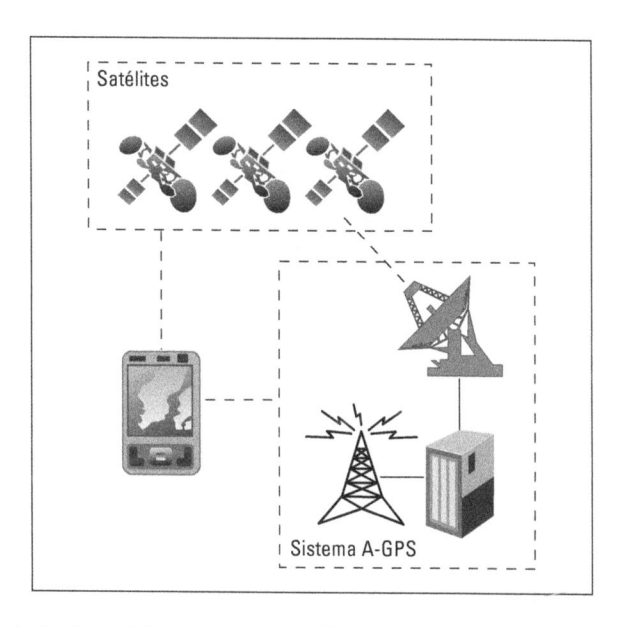

Figura 2.2 Tecnologia de posicionamento de satélites

Triangulação de antenas

O sistema de triangulação de antenas (Figura 2.3) baseia-se nos sinais de rádio emitidos por antenas de rede sem fio. Normalmente, o computador portátil usa esses sinais para a comunicação com outros computadores. No entanto, os mesmos sinais podem ser usados para determinação de quais antenas estão acessíveis em um determinado instante. Assim, um programa pode calcular aproximadamente a localização do computador, considerando quais antenas estão acessíveis e a potência dos sinais delas.

O sistema de triangulação pode usar antenas Wi-Fi, antenas de telefonia móvel ou uma combinação de ambas.

---

[24] <http://www.fcc.gov/pshs/services/911-services/enhanced911>.

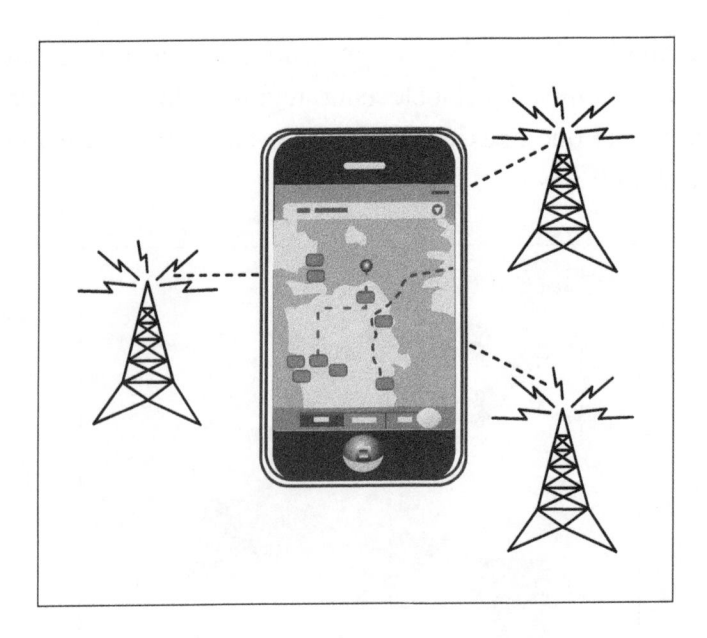

Figura 2.3 Tecnologia de triangulação de antenas

Computação baseada em localização

A **computação baseada em localização** (*location-based computing*) vem sendo considerada uma oportunidade nas diferentes áreas de aplicação da computação móvel. Atualmente, entre as principais aplicações encontram-se os sistemas de navegação, os sistemas de localização de pessoas e os jogos móveis.

Sistemas de navegação

Nos sistemas de navegação, um computador portátil indica rotas a serem seguidas para alcançar determinada localização.

A Figura 2.4 mostra dois exemplos de sistemas de navegação baseados em GPS. A Figura 2.4(a) mostra um equipamento especificamente criado para navegação, ao passo que a Figura 2.4(b) mostra o uso de um *smartphone* executando um software de navegação.

(a)

(b)

Figura 2.4 Sistemas de navegação GPS

Sistemas de localização de pessoas

Os sistemas de localização de pessoas indicam a localização do usuário de um computador móvel e, possivelmente, a localização de pessoas de sua relação.

A Figura 2.5 mostra a tela do Google Latitude,[25] um software criado pela Google, o qual pode ser usado em *smartphones* para localização de pessoas.

Fonte: <http://mapstor.com>.

FIGURA 2.5 Sistema de localização de pessoas

Jogos móveis

Também os jogos móveis usam a informação de localização para a criação de cenários nos locais visitados pelo jogador, permitindo ainda a interação entre os jogadores que estão na mesma região.

A Figura 2.6 mostra a tela do jogo Plundr,[26] criado pela empresa area/code.[27] O Plundr é um jogo multijogador que permite aos usuários de computadores portáteis jogarem usando cenários baseados nas suas localizações na cidade de Nova York.

---

[25] <http://www.google.com/latitude>.

[26] <http://areacodeinc.com/projects/plundr>.

[27] <http://playareacode.com>.

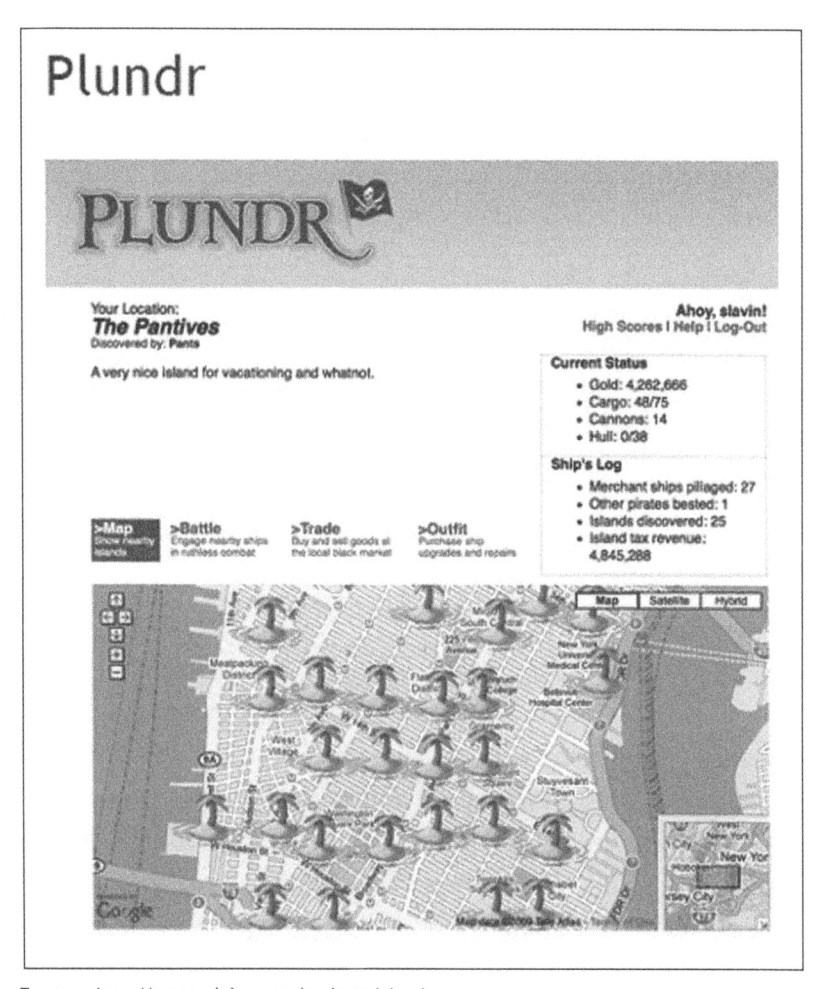

Fonte: < http://areacodeinc.com/projects/plundr >

FIGURA 2.6 Jogos móveis

Contextos e perfis de usuários

A computação móvel permite que os usuários se desloquem por diferentes ambientes, os quais potencialmente contêm recursos que podem ser usados pelas suas aplicações. Esses recursos introduzem oportunidades que podem ser exploradas em diferentes áreas de aplicação.

Por exemplo, um aprendiz pode ser orientado em relação a recursos pedagógicos (como objetos de aprendizagem e livros) disponíveis em determinado contexto que está sendo visitado (uma sala de aula ou uma biblioteca).

Entre os principais recursos disponíveis nos contextos destacam-se os objetos e os demais usuários. Os usuários presentes em um contexto podem ser identificados por meio de seus computadores portáteis, os quais normalmente estão conectados por uma rede de comunicação sem fio. Por outro lado, os objetos que se encontram em um contexto precisam ser identificados usando alguma tecnologia adicional.

O uso de **tecnologias de identificação** permite que os objetos tenham uma identidade única e sejam incorporados a aplicações que explorem informações de contexto. Entre as tecnologias de identificação emergentes destacam-se o RFID e o QR Code.

RFID

O RFID (*Radio Frequency Identification* — identificação por frequência de rádio) é uma etiqueta contendo um chip de computador ligado a uma antena. O chip permite um armazenamento reduzido, mas suficiente para identificação única e para alguma informação adicional que seja útil para uma determinada aplicação. A informação é acessada por um leitor sem fio, o qual apenas necessita ser aproximado do RFID.

Existem dois tipos principais de RFID: passivos e ativos. Os passivos não possuem fonte de energia e somente emitem a informação quando energizados pelo leitor. Os ativos possuem fonte de energia e, portanto, emitem as informações por conta própria. Os primeiros são mais simples e necessitam de contato entre o leitor e a etiqueta de RFID. O segundo tipo permite uma leitura mais distante (metros).

Os RFIDs podem ser usados para identificação de diferentes objetos, os quais podem ser incorporados nas aplicações cientes de contexto.

Por exemplo, na Unisinos (Universidade do Vale do Rio dos Sinos — São Leopoldo — RS)[28] foi desenvolvido um jogo móvel chamado Mobio Threat (Segatto et al., 2008). Os jogadores, carregando computadores portáteis e leito-

---

[28] Unisinos (Universidade do Vale do Rio dos Sinos — São Leopoldo — RS). <http://www.unisinos.br>.

res de RFID, podem caminhar no cenário do jogo, coletando informações em árvores e indicando as salas nas quais estão entrando (Figura 2.7).

(a) RFID em uma árvore no campus da Unisinos

(b) RFID na porta de uma sala de aula na Unisinos

Figura 2.7 Sistemas de identificação RFID

QR Code

O QR Code (*Quick Response Code*) é um código de barras em duas dimensões criado em 1994 pela empresa japonesa Denso-Wave.[29] Da mesma forma que ocorre no RFID, essa imagem permite um armazenamento reduzido de informações, o qual pode ser usado para a identificação de objetos.

O QR Code assemelha-se a um código de barras tradicional. No entanto, sendo uma imagem, permite que a informação seja extraída por meio de uma câmera e de um software para decodificação.

---

[29] <http://www.qrcode.com/index-e.html>.

A crescente adoção do QR Code vem sendo impulsionada pela facilidade com que um usuário de um *smartphone* pode usar sua câmera para acessar as informações disponíveis na imagem.

A Figura 2.8 contém o site da Unisinos em um QR Code.

QR Code codificando o site da Unisinos

Figura 2.8 Sistemas de identificação QR Code

Sensores

Além da identificação de objetos, a interação com o ambiente pode envolver a coleta de informações mais sofisticadas, como temperatura, pressão atmosférica, velocidade, umidade e aceleração.

Os dispositivos usados para medição de determinada informação do ambiente são chamados **sensores**. Além disso, um conjunto de sensores pode ser acoplado, formando, assim, uma rede de sensores, a qual atua de forma orquestrada para fornecimento de informações mais completas do ambiente.

Nos últimos anos, os sensores sem fio vêm permitindo a criação de redes de sensores sem fio, as quais usam a radiofrequência como meio de transporte da informação e, portanto, podem ser instaladas sem a necessidade de cabos.

Computação ciente do contexto

O uso de informações de contexto pelas aplicações computacionais permitiu o surgimento da **computação ciente de contexto**. As aplicações cientes do contexto podem ainda considerar o **perfil do usuário**, tornando, assim, a aplicação personalizada e contextualizada. Essa estratégia vem sendo aplicada em ambientes de *u-learning*.

Por exemplo, no sistema LOCAL® (Barbosa et al., 2008) os perfis de aprendizes que estão no mesmo contexto são usados automaticamente para estímulo à interação. A atuação ocorre em quatro passos: (1) a determinação dos aprendizes que estão em determinado contexto; (2) a verificação dos perfis dos aprendizes; (3) a inferência dos interesses similares; (4) o estímulo à interação por meio do contato entre os aprendizes.

O Capítulo 4 descreve em detalhes a organização do LOCAL® e as estratégias usadas pelo sistema para exploração das informações de contexto.

Computação ubíqua: realidade ou futuro próximo

Mark Weiser (1991) previu um futuro no qual os computadores estariam amplamente distribuídos e naturalmente integrados nos ambientes, tornando a computação ubíqua, ou seja, sempre presente e facilmente acessível. Neste capítulo, foram apresentadas tecnologias consideradas estratégicas para a concretização da visão de Weiser.

A Figura 2.9 resume essas tecnologias, permitindo uma visão da evolução tecnológica rumo à computação ubíqua.

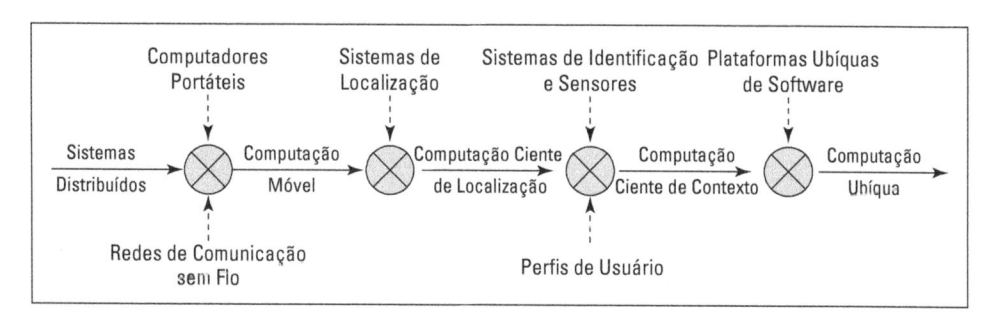

Figura 2.9 Evolução das tecnologias relacionadas à computação ubíqua

Inicialmente, os sistemas distribuídos estimularam o uso dos computadores como tecnologia para a interação e para a colaboração e cooperação. O surgimento dos computadores portáteis e das redes de comunicação sem fio trouxe a mobilidade para os usuários, criando, assim, a computação móvel. A introdução dos Sistemas de Localização possibilitou às aplicações o uso de informações de localização dos usuários na prestação de serviços, criando, assim, a Computação Ciente de Localização. O acréscimo dos sistemas de identificação e das redes de sensores ampliou a integração da computação com o contexto. Adicionalmente, a exploração dos perfis dos usuários permitiu a personalização das aplicações. Surgiu, então, a computação ciente de contexto.

Por meio dessa sequência de passos evolutivos, a computação ubíqua vem se tornando uma realidade. Por outro lado, a afirmação de Satyanarayanan (2001) continua atual. O principal desafio à concretização da computação ubíqua consiste no desenvolvimento de plataformas de software que explorem de forma ubíqua e integrada as tecnologias discutidas neste capítulo, permitindo, com isso, a criação de aplicações ubíquas voltadas para as diferentes áreas de atuação da sociedade, inclusive para a educação.

3 Contextos, metodologias, práticas e mediação pedagógica em *m-learning* e *u-learning*

Contextos de aprendizagem em *m-learning* e *u-learning*

As constantes mudanças e transformações que ocorrem atualmente na sociedade, nas organizações e nas empresas estão contribuindo para o surgimento de processos de *m-learning* e *u-learning*. Cada vez mais, tais processos vêm sendo utilizados tanto em espaços formais de educação (escolas, colégios, faculdades, universidades, entre outros) quanto em espaços não formais (ONGs, empresas e organizações), principalmente os relacionados à educação corporativa.

Embora a tecnologia digital e a infraestrutura de telecomunicações necessárias para suportar o *m-learning* e o *u-learning* evoluam rapidamente, não podemos dizer o mesmo em relação às questões didático-pedagógicas, que constituem, no entanto, o fator mais importante quando o objetivo é a aprendizagem dos sujeitos.

É justamente nesse cenário que surge a discussão dos contextos de aprendizagem. Essa discussão tem contribuído significativamente para modificar algumas compreensões e percepções, como veremos a seguir.

A compreensão de resultado e de desempenho relacionada aos processos de capacitação origina-se dessa discussão. Isso porque eles representam somente um dos elementos que podem auxiliar na melhoria do desempenho por meio de ofertas de programas, projetos e processos de capacitação continuada que comportam uma multiplicidade de ações e de interações dos sujeitos em processo de aprendizagem ao longo do tempo.

A compreensão de que a aprendizagem ocorre em qualquer lugar e a qualquer hora, de tal forma que os diferentes recursos possibilitados pelas TIMS precisam ser priorizados em um processo de capacitação, pois são elas que propiciam acesso aos meios de informação, comunicação e interação.

Isso é importante porque, atualmente, a realidade de trabalho pode ser, em muitos casos, caracterizada por funcionários espalhados por várias partes do mundo, atuando em fusos horários diferentes e totalmente ocupados com suas atividades profissionais. Nesse cenário, é crescente a exigência por 'soluções' em capacitação que permitam a esses funcionários conjugarem seus horários de modo que possam atender às suas necessidades e aos seus cronogramas de maneira flexível. Por isso, há uma grande necessidade de processos formativos que considerem a diversidade de tempo (24 horas por dia, sete dias por semana) e espaços (local de trabalho, residência, quarto de hotel, meio de transporte e, também, espaços formais de educação).

Essa necessidade pode ser atendida de maneira mais eficaz se as diferentes tecnologias estiverem contempladas e combinadas entre si em ambientes híbridos de aprendizagem, que misturem momentos presenciais físicos com momentos presenciais digitais virtuais.

A compreensão das mudanças imbricadas nos processos de aprendizagem segundo o paradigma da 'educação on-line', que é significativamente distinto do paradigma da 'educação analógica'.

Por exemplo, produzir um texto em papel é muito diferente de produzir um texto (ou hipertexto) utilizando tecnologia digital (editor de textos, editor de páginas Web, de blogs, de *wikis* etc.). As estruturas cognitivas[1] mobilizadas são distintas. Isso explica o motivo pelo qual muitas pessoas ainda produzem o texto inicialmente em papel, para depois 'digitar' no editor de textos, ou ainda têm a necessidade de imprimir o texto para ler.

Isso ocorre porque os sujeitos, ao interagirem com essas tecnologias, não encontram em sua estrutura cognitiva algo que possa dar conta dessa nova realidade. Seu sistema de significação é então perturbado e surgem os desequilíbrios cognitivos. Para dar conta dessa perturbação, o sistema precisará de novos elementos, regulações e compensações que lhe permitam atingir

---

[1] **Estrutura cognitiva** é um conceito central para a teoria de Piaget (1972), frequentemente utilizado para designar as formas de organização dos raciocínios. Trata-se de um padrão de ação física e mental subjacente a atos específicos de inteligência. Na concepção piagetiana, a aprendizagem ocorre a partir da consolidação das estruturas de pensamento. A fim de que ocorra a construção de um novo conhecimento, é preciso haver um desequilíbrio nas estruturas cognitivas do sujeito, nos conceitos já assimilados, de modo que o sujeito precise buscar novos elementos que lhe permitam reorganizá-lo e, assim, construir um novo conceito.

novamente um estado de equilíbrio, constituindo, assim, um novo conhecimento que, posteriormente, se transformará em uma nova estrutura ou em uma estrutura reorganizada.

A *percepção do 'beta perpétuo'*, termo utilizado por O'Reilly (2006) ao apresentar o conceito de *Web 2.0*, deve ocorrer. Esse conceito considera os softwares atualmente produzidos não somente como artefatos, mas como parte de um processo de comprometimento com os usuários.

Na *Web 2.0* acabam-se os ciclos de lançamento de novos programas. Os programas são corrigidos, alterados e melhorados o tempo todo, e o usuário participa desse processo dando sugestões, reportando erros e aproveitando as melhorias constantes. Isso acontece também com o conteúdo e os recursos disponibilizados na Internet, o que nos permite, de forma coletiva e contínua, atualizar, melhorar, estender determinados conteúdos, materiais didáticos, objetos de aprendizagem, recursos etc.

A *percepção da ampliação do espaço físico fixo para o espaço digital virtual das redes, para o espaço de fluxos*, a partir do uso de TIMS, possibilita o desenvolvimento de processos formativos e de capacitação para além das limitações impostas pelo tempo, pelo espaço e pela falta de mobilidade tecnológica, explorando o potencial da Internet em todas as suas dimensões.

A *percepção da ampliação do tempo é necessária considerando o tempo 'intemporal', o real time e o just in time learning*. O tempo é uma questão crucial na atualidade; assim, saber 'aproveitar' o tempo que se tem, esteja ele vinculado ao contexto de deslocamento, à espera de um atendimento, a 'janelas' entre reuniões, a viagens etc., representa uma vantagem para os sujeitos que desejam aprender.

Dessa maneira, tanto o *m-learning* quanto o *u-learning* são contextos de aprendizagem, que, a partir da teoria de Maturana (1993c), podem ser compreendidos também como 'espaços relacionais'.

Segundo Figueiredo (2005), um contexto de aprendizagem é o conjunto de circunstâncias que são relevantes quando alguém precisa aprender alguma coisa. A evolução histórica desse conceito é descrita com propriedade por Figueiredo e Afonso (2005):

Até o século XVIII, antes de os sistemas escolares serem criados para responder à necessidade de uma educação em massa, as pessoas aprendiam umas com as outras no contexto de suas atividades diárias, a partir de problemas e dificuldades que surgiam. Para se tornarem profissionais, começavam como aprendizes que desenvolviam uma habilidade no contexto da oficina de seu mestre. Assim, a aprendizagem se posicionou em um contexto.

Quando a educação em massa começou a se materializar, no início da Era Industrial, os valores que vigoravam eram valores do mundo mecanicista. Foi o tempo em que os princípios da gestão de Frederick Taylor transformaram as fábricas em máquinas e os trabalhadores em partes destas máquinas. Os mesmos princípios foram então aplicados às escolas, as quais se tornaram linhas de produção que produziam mão de obra em massa para a sociedade industrial.

Essa visão mecanicista da educação via o conhecimento não como algo que pudesse ser construído pelos próprios aprendizes, em contextos apropriados, mas como um 'conteúdo' ou como um assunto 'importante', que pudesse ser 'transferido' das mentes dos professores para as mentes dos aprendizes. O conhecimento foi separado em assuntos díspares, a maioria deles com pouca aplicabilidade visível, e começou a ser 'transferido' amplamente por meio da transmissão oral e de questionamentos. Conforme isso acontecia, contextos de aprendizagem reais gradualmente desapareciam da educação.

Essa forma de compreender a aprendizagem como resultante de uma 'entrega de conteúdos' tem origem em uma concepção empirista, e, mesmo nos dias atuais, está presente em diferentes instituições, do ensino fundamental ao superior, sendo também a base que sustenta grande parte dos 'treinamentos' nas organizações e empresas.

Além de ser encontrada amplamente na modalidade presencial física, essa situação agrava-se ao focarmos as modalidades on-line (*e-learning* e, mais recentemente, o *m-learning* e o *u-learning*). Essas modalidades frequentemente têm reduzido o processo de ensino e de aprendizagem ao mero acesso a grandes repositórios de material didático e a 'objetos de aprendizagem', colocando novamente o conteúdo como o aspecto mais importante do processo educacional, o que evidencia uma visão 'conteudista' da educação, também denominada por Freire (1987) como 'educação bancária'.

Como vimos anteriormente (Capítulo 1), o conteúdo — a informação — representa apenas um dos aspectos envolvidos na educação, na formação ou na capacitação, sejam elas desenvolvidas na modalidade presencial física ou na modalidade on-line. Esse conteúdo não deve estar no centro de um processo que objetiva a aprendizagem dos sujeitos, pois para além dele há, fundamentalmente, a ação (entendida como atividade do sujeito) e a interação (seja ela com o meio físico, social ou digital virtual). É na ação e na interação dos sujeitos no meio físico, social, e nesse caso novamente inclui-se o digital virtual, que estão imbricados os 'contextos de aprendizagem' e as estruturas sociais e culturais que implicam o processo de conhecer.

Isso não significa negligenciar o lugar da produção de conteúdo, da informação estruturada, armazenada e distribuída pelas redes, mas significa chamar a atenção para o que constitui a parte significativa e mais importante para a aprendizagem, para a educação: o **contexto**. Isso porque a aprendizagem acontece dentro de ambientes social e culturalmente complexos, por meio de atividades ricas em interação, o que pode ser potencializado a partir do uso inteligente da tecnologia.

Figueiredo e Afonso (*apud* Figueiredo, 2005) apresentam um modelo que relaciona o aprendiz com o conteúdo e o contexto em um evento de aprendizagem, como mostra a Figura 3.1.

No modelo exposto na figura, os autores postulam o seguinte:

- Um evento de aprendizagem é uma situação na qual um indivíduo aprende.

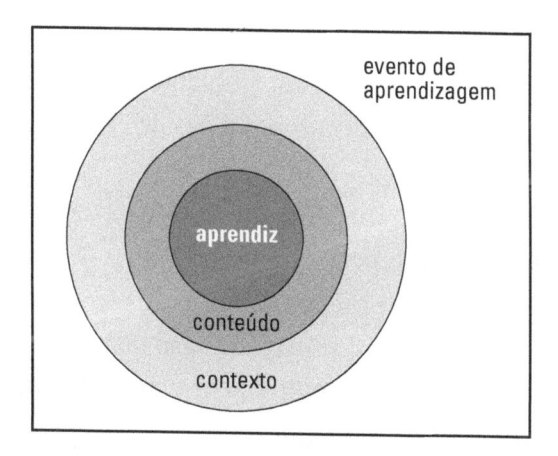

Fonte: Figueiredo e Afonso (*apud* Figueiredo 2005, p. 129)

Figura 3.1 Modelo relacionando aprendiz, conteúdo e contexto em um ambiente de aprendizagem

- O conteúdo é uma informação que foi estruturada e codificada como texto, materiais multimídia, fala do professor ou qualquer outro meio.
- O contexto é o conjunto de circunstâncias relevantes para o aprendiz construir conhecimento quando se referir ao conteúdo.

Caso exista a ação do professor, esta será compreendida como conteúdo e parcialmente como contexto e, caso exista uma infraestrutura tecnológica, esta será entendida como pertencente ao contexto.

Então, no *m-learning* e no *u-learning*, as diferentes TIMS, bem como os ambientes utilizados pelos sujeitos para agir e interagir a fim de construir conhecimentos — AVAMs, tecnologias da *Web 2.0* e *Web* 3D, ambientes integradores etc. — fazem parte do contexto. A informação (materiais didáticos, objetos de aprendizagem etc.) configura o conteúdo. E a mediação pedagógica fica na 'interface' entre o conteúdo e o contexto.

Do ponto de vista do *m-learning* e do *u-learning,* figuram ainda outras variáveis, que, em nossa compreensão, também compõem o contexto de aprendizagem em um sentido mais amplo, porém não menos importante. São elas:

- A interação do sujeito que está aprendendo com o lugar físico onde ele se encontra no momento e como este contribui ou não para que a aprendizagem possa acontecer, considerando questões como circulação de pessoas, interrupções frequentes em função de outras demandas (no caso de o sujeito estar em ambiente de trabalho, por exemplo), barulho, condições climáticas, condições de conforto, iluminação, posição, entre outros.
- A relação entre tempo disponível e o tipo de ação/interação que se pode desenvolver nesse período.
- A relação dos itens anteriores com a velocidade da conexão à Internet, bem como a manutenção do sinal (no caso de o sujeito estar em situação de deslocamento, por exemplo, em viagens), entre outros.

Questões como essas também podem contribuir para que o sujeito se sinta menos ou mais engajado no processo, possibilitando menor ou maior nível de ação e interação, o que, por consequência, influencia o processo de aprendizagem.

Um evento de aprendizagem pode ser intencional ou não e pode ter tamanho e/ou intensidade variável, como um curso, uma palestra, um seminário, a discussão de um caso, entre outras. O sujeito pode aprender tanto com a utilização de um conteúdo (como informação organizada) quanto sem ela — apenas interagindo com o contexto (o que acontece, informalmente, na maioria das vezes, fora das instituições educacionais). Na Figura 3.1, por exemplo, o sujeito está engajado em atividades que envolvem conteúdo e contexto. Nas palavras de Figueiredo e Afonso (*apud* Figueiredo, 2005, p. 130): "Este micromundo é normalmente habitado por outros atores, além do aprendiz, tais como colegas, professores e parceiros, quando o evento de aprendizagem se materializa em uma sala de aula ou em uma comunidade de prática".

Segundo Figueiredo (2005), os mais dinâmicos e atuais campos de pesquisa em aprendizagem e educação, como CSCL (*Computer Supported Cooperative Learning — aprendizagem cooperativa suportada por computadores),* aprendizagem situada e comunidades de aprendizagem, estão todos preocupados com os contextos de aprendizagem. Algumas centenas de expressões que são usadas atualmente na educação, como aprendizagem baseada em projetos, aprendizagem ativa, aprender fazendo, estudo de caso, construção de cenários, simulações, diálogos socráticos, painel de discussões, entre outros, referem-se a questões de contextos de aprendizagem.

Vale lembrar que o termo *contexto* se origina na palavra latina *contexere*, que significa 'tecer em conjunto', 'costurar'. De acordo com Figueiredo (2005), no caso da aprendizagem, o contexto é tecido em conjunto com o ato de aprender, mais que em torno dele, como veiculado pela palavra 'ambiente'. O contexto não é visto como algo estável, mas em mudança e movimento permanentes. O contexto muda porque é uma rede de interações que acontecem sob a influência dos diversos atores presentes no contexto, e muda como resultado das interações que mantemos com ele.

Ainda conforme Figueiredo (2005), o modo como percebemos isso, ou seja, essa mutabilidade, é o modo como o contexto ajuda a construir a nossa experiência de aprendizagem. Assim, o contexto é dependente das atividades dos sujeitos. Quanto mais aberta ou socialmente complexa for a atividade, menos podemos prever o seu desenvolvimento. E, considerando o *m-learning* e o *u-learning*, quanto mais uma atividade envolver situação de mobilidade e ubiquidade, menos previsível será o seu desenvolvimento.

No Quadro 3.1 você poderá compreender os principais aspectos e desafios vinculados ao *m-learning* e ao *u-learning*.

No âmbito dos aspectos a observar é preciso, segundo Paes e Moreira (2007):

- Olhar o entorno no qual serão desenvolvidos os processos de ensino e de aprendizagem, definindo como se obterá informação sobre o sujeito e o ambiente.

Quadro 3.1   Aspectos e desafios do *m-learning* e do *u-learning*

Desafios para os processos de ensino e de aprendizagem	O que fazer nesse caso?
'*E-learning*' portátil	As metodologias e práticas pedagógicas utilizadas no *e-learning* podem ser reproduzidas por meio do uso de um AVA já existente, mas adaptado para dispositivos móveis
Sala de aula física apoiada pelo uso de TIMS	A mobilidade é restrita, e os sujeitos utilizam dispositivos móveis e sem fio dentro de um espaço 'definido'
Aprendizado móvel, por exemplo, para trabalhadores móveis em campo	A mobilidade é irrestrita e os sujeitos podem utilizar diferentes recursos que estiverem à sua disposição
Contexto de inclusão e diversidade, ou seja, utilizando tecnologias populares, como telefone celular, para contemplar comunidades distantes (indígenas, rurais) ou com algum tipo de necessidade especial	A mobilidade é irrestrita, mas os recursos tecnológicos podem ser restritos
Contexto de localização, interoperabilidade, continuidade, percepção da situação, consciência social, adaptabilidade e acessibilidade	A mobilidade é irrestrita, e os sujeitos podem utilizar diferentes recursos que estiverem à sua disposição, inclusive objetos funcionais que se utilizam da tecnologia de sensores (leitores RFID e tags, GPS)

Fonte: Adaptado de Paes e Moreira (2007)

- Compreender que o paradigma mudou e que o conceito subjacente agora é o da mobilidade, propiciando experiências de aprendizagem para além do âmbito da sala de aula clássica, em qualquer tempo, em qualquer lugar. Assim, ainda com relação a cada uma das possibilidades apresentadas no quadro a seguir, é fundamental considerar os diferentes tipos de mobilidade: a mobilidade física dos sujeitos (deslocamentos, espaços diferentes); a mobilidade da tecnologia (tipo de dispositivo); a mobilidade conceitual (diferentes conceitos e conteúdos com os quais temos contato); a mobilidade sociointeracional (interação com diferentes níveis e grupos sociais); e a mobilidade temporal (momentos diferentes).

Os aspectos e desafios apresentados anteriormente precisam ser considerados na discussão sobre as metodologias e as práticas pedagógicas em *m-learning* e *u-learning*. A seguir, apresentaremos algumas metodologias problematizadoras, as quais integram o contexto de aprendizagem e que podem ser adotadas para o *m-learning* e para o *u-learning*.

Metodologias problematizadoras no contexto do *m-learning* e *u-learning* para a formação e capacitação humana

O *m-learning* e o *u-learning* podem estar relacionados ao desenvolvimento de metodologias e práticas que contribuam tanto para uma aprendizagem individualizada quanto podem estar vinculados a metodologias e práticas que promovam o desenvolvimento da colaboração e da cooperação entre os sujeitos. Ambas as possibilidades se originam da concepção epistemológica do professor, ou seja, da forma como ele acredita que o sujeito aprende, em consonância com a análise das possibilidades que as diferentes tecnologias apresentam.

Por serem modalidades educacionais muito recentes e, portanto, não totalmente conhecidas ou dominadas por professores-pesquisadores ou por especialistas em educação, há carência de pesquisas e, consequentemente, de metodologias e práticas pedagógicas especificamente desenvolvidas para o *m-learning* e o *u-learning*. Dessa forma, priorizamos neste momento as metodologias problematizadoras, que se constituem a partir de uma abordagem interacionista-construtivista-sistêmica, de forma a contemplar o desenvolvimento de competências e a interdisciplinaridade.

A colaboração e a cooperação

Em uma abordagem problematizadora, o sujeito é compreendido como um ser curioso, histórico e social, capaz de desenvolver a sua autonomia e autoria. Isso ocorre em um contexto de colaboração e de cooperação, que só se torna possível pela legitimação do outro em um processo de interação fundamentado no respeito mútuo e na solidariedade entre os indivíduos. Dessa forma, educador e educando aprendem e também ensinam, em uma relação que, segundo Freire (1987), visa à transformação da realidade como ação política.

Em relação ao *m-learning*, uma das maiores vantagens que acompanham essas novas possibilidades refere-se justamente à mobilidade, que permite ao sujeito decidir quando, onde e de que forma ele vai se engajar em um processo de formação ou capacitação.

Já no que diz respeito ao *u-learning*, além da mobilidade, há a localização, a interoperabilidade, a continuidade, a percepção da situação, a consciência social, a adaptabilidade e a acessibilidade. A autonomia, a autoria e a disponibilidade para desenvolver trabalho colaborativo e cooperativo são potencializadas e valorizadas, ampliando a responsabilidade do sujeito por seu processo de aprendizagem. Nesse contexto, cada um aprende no seu próprio ritmo e de acordo com suas necessidades e interesses.

Veja, a seguir, algumas metodologias problematizadoras para o *m-learning* e para o *u-learning*.

Projetos de aprendizagem baseados em problemas — PAP[2]

Trata-se de uma metologia problematizadora, que se desenvolve a partir da curiosidade e do interesse dos aprendizes individualmente ou em grupos e

---

[2] Entre os teóricos precursores que tangenciaram uma proposta de pedagogia de projetos, estão educadores europeus como Maria Montessori (propondo métodos lúdicos e ensino ativo), Ovide Decrolly (com os centros de interesse), Bruner e Stenhouse (ensino por temas e aprendizagem por situações-problema) e os norte-americanos John Dewey e William Kilpatrick. Foi com estes últimos que surgiu o 'método de projetos', e a proposta de uma mudança paradigmática não apenas de métodos pedagógicos, mas de maneiras de pensar e agir na educação. Fagundes, Sato e Maçada (1999) propõem a metodologia de projetos de aprendizagem, com foco na aprendizagem dos sujeitos, a qual foi posteriormente adaptada ao ensino superior por Schlemmer (2001, 2002, 2006) recebendo a denominação de 'Projetos de Aprendizagem Baseados em Problemas — PAPs'.

é construída a partir de conflitos e perturbações desses aprendizes. Um PAP se desenvolve a partir da identificação de dúvidas temporárias e certezas provisórias sobre o problema a ser investigado. Os sujeitos identificam e elaboram critérios de julgamento sobre a relevância do assunto em relação a determinado contexto.

O PAP gera caminhos não lineares que surgem das descobertas realizadas a partir das pesquisas desenvolvidas, com o objetivo de encontrar elementos para responder às dúvidas provisórias e confirmar ou não as certezas temporárias dos sujeitos, a fim de compreender a temática investigada. Com isso, permite constantes modificações que ocorrem a partir de processos de autonomia, de colaboração e de cooperação entre os sujeitos que dele participam.

A mediação pedagógica do professor, ou seja, as intervenções que ele realiza, devem ocorrer no sentido de propiciar a construção do conhecimento. Essa mediação consiste em apresentar situações de desafio para perturbar as certezas dos alunos, provocar descentrações, de modo que eles sintam a necessidade de descrever e argumentar, para se dar conta de como pensam em chegar a coordenar seu próprio ponto de vista com o dos outros (Fagundes, Sato e Maçada, 1999, p. 31).

Além de especialistas, os professores também são aprendizes e passam a ser provocadores da aprendizagem, articuladores da prática e orientadores dos projetos. A avaliação nesse contexto tem a função de 'corrigir os rumos' (Schlemmer, 2002), além de permitir ao professor conhecer quais caminhos os sujeitos estão percorrendo para realizar suas aprendizagens e de que forma eles estão buscando aprender. A avaliação, por sua vez, é realizada durante o desenvolvimento do projeto e comporta ainda um processo de autoavaliação, por meio do qual os alunos fazem uma análise crítica do seu processo de aprendizagem e se questionam a respeito das suas dúvidas iniciais e respostas encontradas até o momento.

Entre os benefícios dessa metodologia, podemos citar:

- Valoriza os conhecimentos cotidianos do sujeito que emergem do seu contexto (o ponto de partida).
- Instiga a curiosidade, promovendo a pesquisa, a manipulação, a descoberta, a exploração, a experimentação e a criação.

- Valoriza o aprender a pensar, o aprender a fazer perguntas, o aprender a aprender, o aprender a ser e o aprender a conviver.
- Propicia a atividade do sujeito, o desenvolvimento da autonomia e da autoria, em que ele assume maior responsabilidade pelo seu processo.
- Possibilita um alto nível de interação e interatividade, bem como a articulação de pontos de vista distintos.
- Propicia o desenvolvimento da colaboração e da cooperação, favorecendo maior articulação em grupo, um planejamento em conjunto e negociações.
- Promove articulação entre formação e pesquisa; formação na teoria e formação na prática, bem como formação pessoal e profissional.
- Possibilita ao sujeito incorporar a tecnologia à sua prática, promovendo a criação de redes de significados que são tecidas no processo de construção e reconstrução de conhecimentos.
- Possibilita o rompimento de paradigmas, deslocando o professor do papel de ator principal e colocando-o como um parceiro no processo.
- A complexidade desse processo possibilita, também, rupturas paradigmáticas nos alunos, pois a responsabilidade pela aprendizagem passa a ser do sujeito, bem como a decisão sobre os caminhos que o projeto seguirá.

Essa metodologia, no entanto, também apresenta algumas limitações, tais como:

- A formação e a organização dos grupos exigem trocas e negociações constantes, reorganização e replanejamento, caminhos de busca e ações de grupo, além de certa autonomia, autoria e disposição ao diálogo, com o que muitas vezes os sujeitos não estão familiarizados.
- Falta de autonomia e autoria dos alunos, o que leva à baixa interação e interatividade, dificultando o desenvolvimento.
- Insuficiente desenvolvimento do projeto caso o grupo não consiga articular pontos de vista distintos e cooperar.

- Grupo formado por afinidades pessoais que se sobrepõe às afinidades quanto à temática a ser pesquisada, o que resulta no desinteresse de alguns.
- Compreensão da proposta em função da necessidade de quebra de paradigma da exigência de proatividade.
- Gerenciamento, caso haja muitos grupos de projetos distintos concomitantes.

Identificação e resolução de problemas (situações de problema, desafios, casos)[3]

Trata-se de uma metodologia problematizadora que se desenvolve a partir da identificação e da resolução de problemas. Nessa metodologia, a aprendizagem é 'provocada' por meio das situações-problema, desafios e casos, em geral baseados em situações da vida cotidiana, os quais podem ser criados e propostos pelo professor, pelos estudantes ou por ambos, em um processo de colaboração.

Entre os benefícios dessa metodologia, podemos citar:

- Permite que o trabalho seja delineado no próprio processo do seu desenvolvimento, a partir das contribuições e interações entre os sujeitos envolvidos.
- Promove a realização de análise do contexto no qual o problema está inserido.
- Favorece a organização de ideias e de conhecimentos prévios do assunto, individualmente ou em pequenos grupos (*brainstorming*).

---

[3] A metodologia de **resolução de problemas** pode abranger: apresentação ou construção do problema (caso, pesquisa, vídeo, simulação etc.); realização de análise do contexto no qual o problema se insere; organização de ideias e conhecimentos prévios do assunto individualmente ou em pequenos grupos — *brainstorming*; proposição de 'questões de aprendizagem' sobre aspectos do problema, por meio da discussão; análise e definição de como resolver o problema (quais as melhores estratégias a serem utilizadas a fim de que seja possível atingir os objetivos desejados); escolha das questões de aprendizagem que serão desenvolvidas pelo grande grupo e as que serão atendidas individualmente; discussão dos recursos necessários para a pesquisa e do local onde podem ser encontrados tais recursos; exploração do conhecimento obtido a partir das pesquisas, integrando o novo conhecimento no contexto do problema, gerando novas questões; interpretação dos resultados e formulação da(s) solução(ões); avaliação das soluções encontradas; desenvolvimento de uma possível solução 'ótima' realizada de forma coletiva.

- Propicia a análise e a definição de como resolver o problema, ou seja, quais as melhores estratégias a serem utilizadas a fim de que seja possível atingir os objetivos desejados.
- Exige conhecimento dos conceitos envolvidos, exigindo um processo de discussão e exposição de pontos de vista, negociação, análise e reflexão.
- Requer mobilização de uma série de competências até que se encontrem uma ou mais soluções. No caso de várias soluções, estas podem ser analisadas em relação a fim de se identificar ou construir uma possível solução 'ótima', que represente não somente solução dada por um dos integrantes, mas o resultado da combinação de várias. É, portanto, novamente uma construção coletiva.

Entre as desvantagens, temos:

- Falta de contribuição e interações entre os sujeitos envolvidos.
- Pode haver pessoas com pouco ou nenhum conhecimento com relação ao contexto do tema.
- Autonomia e autoria pouco desenvolvidas, o que dificulta quando a proposta é que os alunos sugiram, elaborem ou, ainda, construam colaborativamente situações-problema, desafios e casos.
- Articulação de pontos de vista distintos e cooperação para o desenvolvimento, se a proposta for trabalhar em grupo.
- Compreensão da proposta em função da necessidade de quebra de paradigma e por causa da exigência de proatividade.
- Construção das soluções em grupo — o que exige trocas e negociações constantes, bem como reorganização e planejamento —, caminhos de busca e ações de grupo, disposição para o diálogo, mobilização e articulação de competências distintas — o que muitas vezes não é comum em outras metodologias fundamentadas em concepções epistemológicas empiristas, com as quais os sujeitos estão familiarizados.
- Posições centradas em um único ponto de vista, o que dificulta a elaboração de uma solução 'ótima'.

Oficina

Refere-se a uma prática muito utilizada para aprofundamento de necessidades específicas identificadas no processo educativo. Entre os benefícios da Oficina, podemos citar:

- Favorece o atendimento a necessidades de aprendizagem específicas.
- Propicia o aprofundamento do conteúdo ou do conceito.
- Pode ter características distintas, dependendo do objetivo do professor e do grupo de alunos.
- Pode ter um tempo definido para acontecer, sendo mais dirigida, tanto no que se refere ao público quanto na forma como será desenvolvida.
- Pode também ter um caráter mais livre, permanecendo aberta durante o tempo em que ocorrer o processo formativo, de forma que diferentes alunos possam recorrer a ela quando desejarem.

Algumas limitações também são encontradas, tais como:

- Tempo de duração quando a oferta for para grupos, em função das distintas necessidades e níveis diferenciados de conhecimento dos sujeitos.
- Pouca participação e envolvimento.

Mapa conceitual[4]

Um mapa conceitual é uma forma de representação gráfica em duas dimensões dos conceitos construídos pelo sujeito ou pela relação (ligação) entre eles, cujo objetivo é ajudar o sujeito a organizar e representar o seu conhecimento. Esses mapas podem tanto ser elaborados individualmente e depois submetidos à discussão e reelaboração como podem ser resultado de negociações coletivas desde os primeiros estágios, revelando consensos ou

---

[4] Os estudos sobre **mapas conceituais** foram desenvolvidos na década de 1970 pelo pesquisador norte-americano Joseph Novak. Schlemmer e Simão Neto (2008) fazem uma crítica ao uso de mapas conceituais nas práticas pedagógicas quando utilizados mais como uma forma de apresentação alicerçada numa prática reprodutiva que como ferramenta cognitiva propriamente dita. A proposta de trabalhar com mapas conceituais surge da necessidade de desenvolver uma prática pedagógica capaz de ajudar os sujeitos a organizar e a representar seus conhecimentos, propiciando dessa forma um processo de reflexão sobre o que já conhecem e sobre como relacionam os diferentes conceitos aprendidos.

a ausência deles — ambos sendo importantes pedagogicamente, pois revelam a pluralidade e a compatibilidade ou incompatibilidade de perspectivas em determinado contexto.

Alguns dos benefícios do mapa conceitual são:

- Favorece o pensamento crítico, a capacidade de análise e síntese e a aprendizagem colaborativa e cooperativa.
- Apoia a organização e estruturação do pensamento, do conhecimento por meio da organização espacial de conceitos, propiciando um processo de reflexão sobre o que o sujeito já conhece e como relaciona os diferentes conceitos aprendidos.
- Promove o trabalho colaborativo/cooperativo em rede, permitindo que os sujeitos colaborem em todos os momentos de construção dos mapas conceituais.
- Permite o acompanhamento da representação do sistema de significações do sujeito.
- Permite ao aluno usar o mapeamento conceitual como um recurso de aprendizagem, ao integrar, reconciliar e diferenciar conceitos na análise de artigos, textos, capítulos de livros, romances, experimentos de laboratórios e outros materiais.

No entanto, algumas limitações também são encontradas, tais como:

- Autonomia e autoria pouco desenvolvidas, o que pode dificultar a construção do mapa.
- Pouca capacidade de síntese, de reflexão, o que compromete o desenvolvimento do mapa.
- Construção de mapas em grupo, em função da necessidade de representar conceitos e se fazer compreender por todos, de modo que, por meio de articulações e negociações, os aprendizes possam chegar a consensos.

Exemplos de metodologias problematizadoras

Um exemplo de desenvolvimento de projeto de aprendizagem baseado em problemas (PAP) no contexto de *m-learning* pode ser encontrado em Graziola Junior (2009), que utilizou essa metodologia no desenvolvimento de um processo de capacitação intitulado 'Diálogo, colaboração e cooperação no contexto do trabalho coletivo' com um grupo de secretárias das ciências humanas da Unisinos (veremos mais a respeito no Capítulo 4).

Segundo esse autor, quando discutimos e analisamos as práticas pedagógicas, frequentemente o fazemos somente do ponto de vista de quem as desenvolve, ou seja, do professor. No caso descrito, ele apresenta a configuração das práticas pedagógicas com o uso de TIMS e as representações dos sujeitos sobre essas práticas, abordando uma temática muito recente no campo da educação, que se refere ao uso educacional das TIMS. Nesse sentido, é preciso compreender a finalidade e o contexto em que essas práticas se aplicam, bem como perceber as novas possibilidades de aprendizagem que elas podem oferecer.

As práticas pedagógicas desenvolvidas no processo de capacitação 'Diálogo, colaboração e cooperação no contexto do trabalho coletivo' foram fundamentadas em uma concepção interacionista-construtivista e partiram de uma perspectiva dialógica. Os PAPs surgiram da necessidade de desenvolver uma prática pedagógica que valorize a participação do educando e do educador nos processos de ensino e de aprendizagem, contribuindo para a formação de sujeitos ativos, reflexivos, atuantes e participantes.

A partir da metodologia de projetos no *m-learning*, o autor identificou como complexa a fase inicial do desenvolvimento dos projetos de aprendizagem, a qual consiste na formação e organização dos grupos. Por envolver trocas e negociações constantes, reorganização e replanejamento, caminhos de busca e ações do grupo, além de certa autonomia, autoria e disposição de diálogo, o que exige um tempo significativo para que seja desenvolvida.

Um exemplo de utilização de mapas conceituais em *m-learning* também pode ser encontrado em Graziola Junior (2009), que, para o desenvolvimento do processo de capacitação (referido anteriormente), propôs o desafio da criação de um mapa conceitual utilizando a ferramenta *Pocket Mindmap*®.

Partindo do conceito inicial de trabalho em equipe, Moreira (1997) defende que, quando os mapas conceituais são utilizados para integrar, conciliar e diferenciar conceitos, por meio da análise de textos, artigos, vídeos e apresentações, como o que ocorreu no caso do processo formativo citado anteriormente, podemos considerar o mapeamento conceitual como um recurso de aprendizagem. Na experiência anteriormente relatada, os mapas conceituais foram um instrumento valioso para que os sujeitos pudessem expressar seus conceitos sobre trabalho em equipe, colaboração, cooperação, entre outros. Ao expressar sua compreensão desses conceitos, os sujeitos foram instigados a repensar suas práticas a eles relacionadas, o que foi muito valorizado pelo grupo.

Assim, por meio das metodologias e práticas apresentadas anteriormente, desenvolvidas no contexto do *m-learning* e do *u-learning*, diferentes áreas do conhecimento podem articular-se, favorecendo a dialogicidade e a construção interdisciplinar, resultado de um processo de construção colaborativa e cooperativa.

É fundamental lembrar ainda que algumas metodologias e práticas pedagógicas podem ser adotadas dentro de um espaço físico definido (sala de formação ou de capacitação), e outras (em sua maioria), em contextos de mobilidade. Isso promove a combinação de metodologias e práticas, pois, em um processo formativo ou de capacitação que envolva maior carga horária, provavelmente haverá combinação de diferentes tipos de tecnologias digitais, bem como de diferentes modalidades educacionais, de modo que nem sempre todas as atividades ocorrerão em contexto de mobilidade.

Metodologias e práticas pedagógicas no contexto do *u-learning*

As possíveis metodologias e práticas pedagógicas ampliam-se ainda mais se considerarmos a perspectiva do *u-learning*.

Liu e Hwang (2009), por exemplo, propõem doze modelos que podem ser usados para realizar atividades de aprendizagem e avaliar o desempenho da aprendizagem dos alunos com base em seu mundo real e comportamentos on-line (veja o Quadro 3.2).

Contextos, metodologias, práticas e mediação pedagógica em *m-learning* e *u-learning*

Quadro 3.2 Doze modelos para orientar atividades no *u-learning*

Modelo	Estratégias de *u-learning*	Exemplos
ULS1 — Aprendizagem no mundo real, com orientação on-line	Os alunos aprendem no mundo real e podem ser guiados pelo sistema, com base no perfil pessoal, portfólio e dados reais coletados pelos sensores.	Para o estudante que cursa química experimental, as sugestões são fornecidas automaticamente com base em suas ações no mundo real durante o processo de experimentação.
ULS2 — Aprendizagem no mundo real com suporte on-line	Os alunos aprendem no mundo real, e o apoio é fornecido automaticamente pelo sistema com base no perfil pessoal, portfólio e dados reais coletados pelos sensores.	Para o aluno que está aprendendo a identificar os tipos de plantas no campus, informações relevantes sobre as características de cada tipo são fornecidas automaticamente com base na sua localização e as plantas que estão ao seu redor.
ULS3 — Questões on-line com base em observações de objeto do mundo real	O aluno pode responder às questões apresentadas na tela do dispositivo móvel observando os objetos do mundo real.	"Qual é o tipo de árvore localizada em frente a você?"
ULS4 — Observação do objeto real	O aluno pode localizar um objeto no mundo real, com base no desafio apresentado no dispositivo móvel.	"Observe as plantas ao seu redor e encontre a planta que mais se assemelha a uma mostrada na tela."
ULS5 — Coletar dados no mundo real por meio de observações	Os alunos podem coletar os dados, observando os objetos do mundo real e transferir esses dados para o servidor por meio de comunicação sem fio.	"Observe as plantas nesta área e transfira os dados (incluindo as fotos que pode tirar e suas próprias descrições das características de cada planta) para o servidor."
ULS6 — Coletar dados no mundo real por meio de sensores	Os alunos podem coletar dados de objetos, por sensoriamento, no mundo real e relatar o que encontraram.	"Encontre três diferentes amostras de água e aponte qualquer contaminante encontrado usando os sensores."
ULS7 — Identificação de um objeto do mundo real	Os alunos podem responder a problematizações relativas à identificação do objeto do mundo real.	"Qual é o nome do inseto mostrado pelo professor?"
ULS8 — Observações do ambiente de aprendizagem	Os alunos podem responder a problematizações sobre a observação do ambiente de aprendizagem ao seu redor.	"Observe o jardim da escola e faça o *upload* dos nomes de todos os insetos que encontrar."

ULS9 — Resolução de problemas via experimentos	Resolver problemas por meio da concepção de experiências no mundo real e encontrar pistas sobre ela na Internet.	"Considere o balão dado pelo professor e crie uma experiência para encontrar as relações entre a massa da carga útil e a altitude do balão."
ULS10 — Observação do mundo real com dados de pesquisa on-line	Os alunos podem observar os objetos do mundo real e encontrar soluções por meio do acesso da rede.	"Observe o edifício em frente e encontre dados on-line detalhados sobre ele."
ULS11 — Coleta cooperativa de dados	Um grupo de estudantes pode coletar dados cooperativamente no mundo real e discutir suas descobertas com outras pessoas por meio de dispositivos móveis.	"Cooperativamente desenhe um mapa da escola, medindo cada área e integrando os dados coletados."
ULS12 — Resolução cooperativa de problemas	Os alunos são desafiados a cooperativamente resolver problemas no mundo real, discutindo por meio de dispositivos móveis.	"Procure cada canto da escola e encontre as provas que podem ser usadas para determinar o grau de poluição do ar."

Fonte: Doze modelos para orientar atividades no âmbito do u-learning consciente de contexto (Liu e Hwang, 2009)

A seguir, discutiremos sobre os processos de mediação e intermediação pedagógica relacional, os quais podem ser desenvolvidos tanto no *m-learning* quanto no *u-learning*.

Mediação e intermediação pedagógica relacional

No *m-learning* e no *u-learning*, para além dos aspectos tecnológicos e daqueles aspectos vinculados ao conteúdo e à metodologia, é fundamental discutir as interações sociais, no que diz respeito à sua forma, ou seja, ao aspecto relacional das interações.

Em uma concepção epistemológica interacionista-construtivista-sistêmica, a 'mediação pedagógica' é compreendida como movimento construído na relação dialógica que se estabelece a partir da interação constante entre educadores, educandos e diferentes meios utilizados para desenvolver os processos de ensino e de aprendizagem. Ela é, portanto, fundamental para mobilizar o processo educativo e instigar/provocar a aprendizagem.

Esse entendimento da mediação pedagógica, como processo complexo não linear, construído e codeterminado no imbricamento das relações que se dão no espaço de convivência 'escolar', é compartilhado por Moraes (2003, p. 210), para quem a mediação pedagógica

> (...) é um processo comunicacional, conversacional, de coconstrução de significados, cujo objetivo é abrir e facilitar o diálogo e desenvolver a negociação significativa de processos e conteúdos a serem trabalhados nos ambientes educacionais; bem como incentivar a construção de um saber relacional, contextual, gerado na interação professor/aluno.

A comunicação, nesse contexto, diz respeito a um processo de interação permanente, continuado, e não apenas a um intercâmbio de mensagens isoladas nem a um modelo linear de causa-efeito. A característica 'pedagógica' da mediação precisa ser desenvolvida no fluxo do processo que se constrói no viver e no conviver educacional, ou seja, no fluir das interações, das relações que ocorrem nesse espaço de convivência.

É pela mediação pedagógica que podemos compreender o que o sujeito conhece e como ele pensa, auxiliando-o a estabelecer relações entre o que conhece e o que deseja/precisa conhecer, problematizando de modo que ele possa dar sentido e atribuir significado à nova informação. Assim, é a mediação pedagógica que dá 'movimento' ao desenvolvimento dos processos de ensino e de aprendizagem.

O educador precisa compreender o fluxo em que a mediação pedagógica está ocorrendo como ação recíproca e, a partir dessa compreensão, instigar, questionar, problematizar, 'facilitar' a aprendizagem, para que o sujeito possa ampliar seu conhecimento.

A mediação pedagógica vinculada a processos de educação on-line é objeto de estudo também de Okada e Okada (2007). De acordo com os autores, algumas ações podem ser desenvolvidas no sentido de enriquecer a mediação pedagógica e a aprendizagem on-line: atuar de modo muito flexível; identificar emergências e oportunidades de aprendizagem; buscar o sentido e questionar mensagens ambíguas; reorganizar, mapeando o que é relevante e significativo. Assim, de acordo com esses autores, "a mediação pedagógica deve favorecer a liberdade de expressão, o pensamento crítico, a discussão argumentativa, a multiplicidade de interpretações e as reconstruções coletivas (Okada e Okada, 2007, p. 724)".

No modelo tradicional de mediação pedagógica, o professor é o mediador e os alunos, mediados em seu processo de aprendizagem. Entretanto, se considerarmos as características e possibilidades do *m-learning* e do *u-learning*, que podem integrar diferentes contextos de aprendizagem, contemplando a construção de conhecimentos tanto por meio de redes de interação quanto individualmente, identificamos que são necessárias novas formas de compreender a mediação pedagógica.

Essas novas formas implicam — quando se trata de redes de interação de grupos — que todos os participantes possam atuar de alguma forma também como mediadores pedagógicos. Isso se deve justamente à maior abertura propiciada pela dinâmica das relações que se estabelecem nos múltiplos contextos de *m-learning* e *u-learning*.

Contudo, quando se trata de uma construção individual, em que o sujeito deseja aprender por conta própria, em seu próprio contexto, ele não precisa compartilhar ou colaborar o tempo inteiro. Essas novas tecnologias, por serem tão pessoais (carregadas junto ao corpo, inclusive) podem permitir ao sujeito 'ficar na dele' quando desejar, escolhendo com quem e de que forma quer interagir.

Possivelmente, essas são as tecnologias que mais suportam o desenvolvimento da autonomia, tanto quanto da autoria por parte dos sujeitos, respeitando sua liberdade individual. Esses momentos também são valiosos para a aprendizagem, e a tecnologia móvel, nesse caso, serve como um 'escravo' subserviente aos desejos do aprendiz.

Esses múltiplos contextos podem ser suportados por ambientes virtuais de aprendizagem móvel (AVAMs), cuja construção está alicerçada na lógica e nas ferramentas da *Web 2.0*, o que, por si só, já supõe a coconstrução e a coautoria por todos os envolvidos no processo de interação.

Assim, podemos considerar aqui o conceito de 'intermediação pedagógica múltipla' desenvolvido por Okada e Okada (2007, p. 725), segundo o qual todos os participantes são mais críticos, argumentativos e colaborativos. Eles compartilham mais seus conhecimentos e experiências prévias, questões para o grupo, referências teóricas, sugestões em relação aos percursos de aprendizagem e também oferecem *feedback* construtivo com relação às participações dos colegas.

Para os autores, na 'intermediação pedagógica múltipla', os alunos mediados tornam-se também mediadores pedagógicos, ao lado dos professores, dos auxiliares e dos colaboradores internos (colegas) e externos (autores consultados e palestrantes convidados). Esse tipo de intermediação pedagógica propicia a aprendizagem mediada por todos. Todos aprendem com todos (professores, monitores, tutores e alunos). Todos são corresponsáveis e coautores da produção coletiva de conhecimentos, e todos auxiliam uns aos outros em cada produção individual.

Como resultado, "[...] o ensinar aprendendo, o aprender ensinando e os desdobramentos da teoria e prática, fluem-se, espontaneamente, tornando essa participação ativa de cada qual, realmente, gratificante. Isto ocorre na interatividade comunicativa tanto síncrona quanto assíncrona" (Okada, 2005, p. 10 *apud* Okada e Okada, 2007, p. 726).

No contexto da intermediação pedagógica múltipla, todos os participantes podem propor desafios, apresentar soluções, sugerir novos caminhos a partir das pesquisas que desenvolvem e das discussões e reflexões que realizam. Assim, todos são ora pesquisadores, ora aprendizes, ora mediadores pedagógicos.

De acordo com Okada e Okada (2007, p. 726), "[...] a transação de informações, rede de conhecimentos e saberes é intermediada através não apenas de múltiplos mapeamentos coletivos; como também de uma postura mais participativa, argumentativa e de coautoria".

É importante lembrar que tanto a escolha das metodologias e práticas pedagógicas quanto a forma como a mediação e a intermediação pedagógica serão desenvolvidas dependerão do contexto tecnológico, ou seja, do tipo de dispositivo móvel e das ferramentas às quais o sujeito tem acesso, entre elas telefone celular, computador de mão (PDA), *smartphones*, computador portátil (notebook) etc.

É preciso considerar ainda o tipo de comunicação utilizada pelos sujeitos ao fazer uso de dispositivos móveis. Muitas vezes, em função do seu reduzido tamanho (telas e teclas) e da necessidade de agilidade na interação, eles acabam por privilegiar o uso de determinadas formas de comunicação, como, por exemplo, a oral e a gráfica, em detrimento de outras, como a textual. Ou a comunicação acaba por ser ressignificada a partir do uso de códigos, contrações, ou, ainda, do 'internetês' (mescla de oralidade e escrita), em função das condições efetivas em que acontece a interação.

Na sequência, abordaremos o acompanhamento e a avaliação da aprendizagem vinculados tanto ao *m-learning* quanto ao *u-learning*.

Acompanhamento e avaliação da aprendizagem

As formas, as modalidades e os critérios de acompanhamento e avaliação adotados em um processo de *m-learning* e *u-learning* devem estar em consonância com as concepções epistemológicas, os princípios e os pressupostos teóricos escolhidos para o processo formativo.

Dependendo de como são propostos e desenvolvidos, o acompanhamento e a avaliação podem contribuir como um todo para a qualificação do processo formativo, pois eles fornecem *feedback* constante ao aluno, ao professor-formador, ao próprio processo formativo e ao sistema, auxiliando na identificação de redirecionamentos necessários, bem como de novas demandas que podem surgir na formação.

A avaliação que tem como base a concepção epistemológica interacionista-construtivista-sistêmica é entendida como processual, continuada e formativa. Ela envolve diagnóstico e acompanhamento constantes a fim de reorientar rumos, superar dificuldades percebidas e impulsionar o desenvolvimento.

Esse processo considera:

- A aprendizagem dos sujeitos (autoavaliação, heteroavaliação — grupo e professor/orientador).
- A interação entre os sujeitos envolvidos nos diferentes espaços formativos (aluno-aluno, professor-aluno).
- O desenvolvimento do processo formativo em si (metodologia).

Um processo de acompanhamento e avaliação no contexto de uma concepção interacionista-construtivista-sistêmica envolve:

- Acompanhamento e avaliação da aprendizagem (avaliação do professor/orientador, dos colegas do grupo e autoavaliação).
- Acompanhamento e avaliação do processo formativo em si.

O acompanhamento e a avaliação da aprendizagem podem ser realizados de diferentes formas, como apresentado a seguir. Essas formas avaliativas se traduzem como uma espécie de diálogo entre professor e alunos e entre alunos e alunos com o conhecimento que está sendo construído, de forma que possibilita que uns aprendam com os outros.

Avaliação diagnóstica ou inicial (realizada pelo professor-formador):
- Realizada no início de um processo formativo ou antecedendo-o.
- O objetivo é identificar conhecimentos e competências desenvolvidos pelos sujeitos, bem como necessidades em termos de aprendizagem.
- Prioriza a 'escuta' buscando evidências sobre as formas de aprender dos alunos, seus conhecimentos e pré-concepções.
- Fornece elementos para que o professor possa melhor planejar ou replanejar o seu processo de ensino.

Avaliação prognóstica (realizada pelo professor-formador):
- Realizada após a avaliação diagnóstica.
- O objetivo é relacionar os dados obtidos na avaliação diagnóstica com o programa ou ementa da proposta formativa, realizando ajustes em relação ao programa, conhecimentos, competências e necessidades dos sujeitos envolvidos.
- Fornece elementos para que o professor possa definir os conteúdos, as estratégias e as metodologias capazes de promover a construção dos conhecimentos e o desenvolvimento das competências, considerando as especificidades de cada grupo e respeitando as diferenças individuais.

Avaliação formativa (realizada pelo professor-formador e também pelos colegas de grupo):
- Realizada durante todo o processo formativo. Tem caráter processual, continuado e formativo, com preponderância dos aspectos qualitativos sobre os quantitativos. Privilegia a interação e os procedimentos

adotados em termos de qualidade crescente no domínio dos conhecimentos envolvidos.
- Tem caráter dinâmico e interativo, colaborando para que o sujeito e o professor/orientador atuem conjuntamente na avaliação da aprendizagem.
- O objetivo é ajudar os alunos a se desenvolver, a aprender. Para os professores, implica ajustes constantes entre o processo de ensino e o processo de aprendizagem, de forma a obter maiores elementos para instigar e potencializar a aprendizagem.
- São analisados os processos que resultaram nos 'produtos', de forma que não se trata de julgar se está bem ou mal realizado, mas de considerar as exigências cognitivas necessárias para desenvolvê-los, incluindo a trajetória e as estratégias utilizadas pelo aluno ou grupo de alunos para atingir seu objetivo.
- Realizada por meio da análise de portfólios com as diferentes interações e produções dos sujeitos, individuais e coletivas, síncronas e assíncronas, nas distintas possibilidades oferecidas: diários de aprendizagem (ou diários de bordo), mapas conceituais, chats, Web, conferências, fóruns, projetos de aprendizagem, resolução de desafios/problemas, casos... O uso de portfólio fornece 'pistas' ao sujeito e ao professor-formador sobre conhecimentos construídos e sobre o desenvolvimento de competências previstas no processo formativo.

Autoavaliação (realizada pelo aluno):
- Também denominada 'avaliação crítica da aprendizagem', é realizada pelo aluno ao final do processo formativo. Pode integrar as avaliações sistematizadoras desenvolvidas em diferentes momentos do processo formativo.
- O objetivo é provocar a reflexão do sujeito sobre o processo vivenciado, sobre o que ele de fato aprendeu, em comparação ao seu conhecimento anterior ao processo.
- Isso contribui para que os sujeitos se familiarizem com uma visão, um conceito de 'resultado de aprendizagem' que favorece a modificação da sua concepção de aprendizagem.

Avaliação somativa (realizada pelo professor-formador com participação dos alunos):
- Realizada após a ação educativa. É a soma de diversas atividades propostas, a partir de critérios definidos pelo professor e/ou em conjunto com os alunos, incluindo a realização de autoavaliação, análise de documentos, relatórios, artigos etc. produzidos em grupo ou individualmente.
- O objetivo é avaliar o que o sujeito aprendeu, a partir das atividades realizadas e do seu desenvolvimento ao longo do período.
- Essas formas avaliativas se traduzem como uma espécie de diálogo entre professor e alunos e entre alunos e alunos com o conhecimento que está sendo construído, de forma que possibilita que uns aprendam com os outros.

O acompanhamento e a avaliação do processo formativo são realizados durante o desenvolvimento dos processos de ensino e de aprendizagem, tanto no *m-learning* quanto no *u-learning*, com o objetivo de corrigir rumos e verificar novas tendências insurgidas no processo.

É importante lembrar que, ao utilizar as TIMS, temos a possibilidade de acompanhar e avaliar determinada ação realizada ou um processo desenvolvido no próprio ambiente a que esta se vincula, ou seja, em um contexto situado (por exemplo: em um departamento, em um processo de trabalho). Isso contribui significativamente com a motivação para aprender e com a significação do sujeito sobre o processo desenvolvido. Também fornece mais elementos para que o professor-formador identifique possíveis lacunas (*gaps*) ainda presentes na formação do sujeito e, dessa forma, reoriente o processo formativo ou forneça atendimento mais individualizado.

A partir das opiniões dos sujeitos sobre conteúdos, atividades, atuação do professor-orientador e relevância dos conhecimentos para aplicação no ambiente de trabalho, é possível reorientar tanto o conteúdo quanto as estratégias pedagógicas. Além disso, os resultados obtidos no processo de acompanhamento e avaliação refletem-se nas atividades relacionadas ao desenho do processo formativo, pois os resultados de um informam as atividades do outro. Desse modo, o desenho e a implementação do *m-learning* e do *u-learning* podem ser continuamente melhorados para melhor atender às necessidades de formação dos sujeitos.

Assim, ao compreender a avaliação como movimento, processo integrante da aprendizagem, é fundamental que o professor perceba que cada sujeito é diferente, único, singular no seu processo de aprender e que, portanto, existem tempos diferenciados para que as aprendizagens ocorram. Esse olhar cuidadoso do professor com relação às diferenças individuais no coletivo propicia maior conhecimento de cada sujeito com relação a seus interesses, avanços, dificuldades, necessidades e sentimentos, o que possibilita um atendimento individualizado na diversidade.

Essa lógica não excludente da avaliação formativa, que é perpassada pela interação e pelo diálogo, fornece ao professor subsídios para que ele possa acompanhar o processo de desenvolvimento dos sujeitos. Considerando o progresso de cada um em relação à aprendizagem, o professor pode contribuir para a superação de dificuldades identificadas no processo.

A visão dialética imprime na avaliação uma dimensão essencialmente ética que está relacionada ao compromisso do avaliador em acompanhar o processo de desenvolvimento do sujeito avaliado, intervindo de modo a favorecer a superação das dificuldades identificadas.

No entanto, é importante ressaltar que as ferramentas de acompanhamento e avaliação, seja em ambientes de aprendizagem considerados 'fixos', seja em ambientes móveis e/ou ubíquos, geralmente priorizam a avaliação quantitativa. No entanto, para que se possa desenvolver um processo de acompanhamento e avaliação mais abrangentes, é necessário adotar abordagens qualitativas, estabelecendo uma sistemática de acompanhamento e de avaliação formativa, a partir do uso de portfólios, fóruns, chats, listas de discussão, seminários virtuais, diários, entre outros, conforme explicitado anteriormente.

Dessa forma, o acompanhamento e a avaliação, no contexto da educação on-line móvel e ubíqua, precisam servir como apoio e como contínuo 'alimento' ao processo de construção do conhecimento. Tornam-se instrumentos para reorientar rumos, modificar metodologias e práticas pedagógicas, redefinir estratégias de aprendizagens, replanejar metas e objetivos, além de ser também um instrumento de inclusão, e não mais de classificação, restrição e, muitas vezes, até punição.

Assim, em uma concepção epistemológica interacionista-construtivista-sistêmica, a compreensão de avaliação está centrada na potencialidade formativa, no sentido de acompanhar o processo da construção do conhecimento dos sujeitos. Avalia-se para conhecer, refletir, dialogar e agir. Nesse âmbito, trata-se de uma 'avaliação contextual'.

> Avaliação contextual corresponde ao que é atualmente referida na literatura como "avaliação autêntica", uma abordagem para avaliação que opera por engajar os aprendizes em tarefas e procedimentos onde possam aplicar suas habilidades e conhecimentos na solução de problemas autênticos do mundo real ao invés de problemas de tarefas artificiais e descontextualizadas (Wiggins, 1993). Os tipos mais atuais de avaliações são: aprendizagem de portfólio, projetos, ensaios, e apresentações (Johnson, 2002)" (Figueiredo, 2005, p. 134).

Os quatro tipos de avaliação autêntica — portfólio, projetos, ensaios e apresentações — podem ocorrer de forma estreitamente relacionada, como quando a metodologia utilizada nos processos formativos e de capacitação é a de projetos de aprendizagem. Durante o desenvolvimento dos projetos, os sujeitos evidenciam o seu processo de construção por meio da organização do seu portfólio, o qual pode ser continuamente acompanhado e avaliado no sentido de fornecer *feedback* sobre a aprendizagem do sujeito.

Em diferentes momentos do desenvolvimento de um projeto de aprendizagem, os sujeitos precisam sistematizar o conhecimento construído, descrevendo os resultados obtidos. Isso pode acontecer na forma de blogs, *wikis*, artigos etc., e resultar na elaboração de uma apresentação sobre a temática do projeto de aprendizagem desenvolvido. Todo esse processo pode ser anexado ao portfólio eletrônico para análise posterior.

Um modelo pedagógico interacionista-construtivista-sistêmico--complexo para *m-learning* e *u-learning*

Tomando como referência as atuais pesquisas sobre a aprendizagem humana, mais especificamente no que se refere às teorias educacionais, e buscando aplicá-las no *m-learning* e no *u-learning*, propomos o **modelo pedagógico interacionista-construtivista-sistêmico-complexo**.

Entendemos que esse modelo pode fornecer subsídios consistentes ao leitor, contribuindo para o desenvolvimento de propostas educativas inovadoras em *m-learning* e *u-learning*. A seguir, descreveremos esse modelo, bem como alguns aspectos relacionados especificamente ao *u-learning*.

Características gerais

Entre as características gerais do modelo podemos citar a mobilidade (física, tecnológica, conceitual, sociointeracional e temporal), para acessar informações, comunicar-se, produzir e disponibilizar conhecimento, tanto de forma individual quanto colaborativa e cooperativa, por meio de dispositivos móveis e redes sem fio.

No que se refere ao *u-learning*, acrescenta-se a possibilidade de a informação poder acessar o sujeito, a sensibilidade ao contexto (isto é, a situação do aluno e/ou do contexto físico em que o aluno está localizado, a qual pode ser sentida/percebida, o que implica que o sistema é capaz de conduzir atividades de aprendizagem no mundo real) e a localização, a interoperabilidade, a continuidade, a percepção do ambiente, da situação ou do contexto, a consciência social, a adaptabilidade e a penetração.

Foco

O foco está na interação e na interatividade como forma de provocar aprendizagem, na construção do conhecimento, no desenvolvimento de competência, respeitando o ritmo de cada indivíduo ou grupo e propiciando o desenvolvimento da autonomia, da autoria, da colaboração e da cooperação.

Com relação ao *u-learning*, como o sistema é sensível ao contexto, pode fornecer informações de modo dinâmico e autônomo tanto sobre a própria situação do sujeito quanto sobre a situação do ambiente físico em que ele se encontra, contribuindo, assim, para orientar a aprendizagem do sujeito no mundo real.

Visão sobre o aluno

Nesse modelo, o sujeito é autônomo e autor, agente do seu processo de aprendizagem, detentor de conhecimentos prévios, pesquisador, participativo, cooperativo e crítico.

Visão sobre o professor

O professor, por sua vez, exerce, nesse modelo, o papel de coparticipante, explorador, investigador, instigador e problematizador, além de orientar e auxiliar o aluno a articular informações para produzir conhecimento e a estabelecer relações entre o *feedback* de suas ações e os objetivos. Resumindo, é um animador da inteligência, da aprendizagem que instiga a reflexão.

Tecnologias

Entre as tecnologias presentes nesse modelo (as quais foram detalhadas no Capítulo 2), podemos citar o servidor, os dispositivos móveis, tais como PDA, telefone celular, *smartphones* e computadores portáteis.

No que se refere ao *u-learning*, pode acontecer da seguinte forma:

- O servidor que registra os contextos oferece suporte ativo e passivo para a aprendizagem dos alunos por meio dos dispositivos móveis, do qual o aluno pode receber apoio ou orientação, bem como ser capaz de acessar informações na Internet.
- Redes sem fio que permitem a comunicação entre os dispositivos móveis, os sensores e os servidores.
- Tecnologias de sensores (leitores RFID e tags, GPS etc.) são objetos funcionais utilizados para detectar contextos pessoais e ambientais, de modo que o sistema possa adaptar-se melhor às necessidades do sujeito. É justamente em função desses objetos funcionais que a tecnologia torna-se ubíqua, ou seja, 'desaparece' para o sujeito, pelo fato de estar totalmente integrada a seu viver e conviver.

Informação

A informação está presente em qualquer tempo e espaço, por meio das TIMS e do acesso a objetos reais, tanto de maneira síncrona quanto assíncrona, de acordo com as necessidades de aprendizagem dos sujeitos.

Pelo fato de haver uma maior facilidade de acesso por causa da portabilidade tecnológica e da mobilidade, o modelo interacionista-construtivista-sistêmico-complexo fornece mais autonomia ao sujeito, visto que este pode acessar ou capturar dados onde quer que eles estejam, transformá-los em informação e publicá-los na Internet de maneira muito rápida, ou, ainda, cruzá-los com outros bancos de dados para produzir uma nova informação.

No que diz respeito ao *u-learning*, há ainda o fato de a informação estar presente de maneira mais incisiva em diferentes objetos, sem a necessidade de 'carregar' um dispositivo tecnológico para ter acesso a ela. O acesso se dá por meio de redes *wireless* e objetos reais com sensores embutidos, tanto de maneira síncrona quanto assíncrona, de acordo com a necessidade de aprendizagem dos sujeitos.

O sujeito pode receber informações mais adequadas às suas necessidades em determinado momento e nas condições nas quais ele se encontra, por meio de objetos ou dispositivos com sensores e mecanismos de localização os quais verificam a localização do sujeito e fornecem informações.

Dessa forma, o *u-learning* possibilita ao sujeito tanto ir em busca da informação de que necessita quanto recebê-las 'automaticamente' por meio de recursos enviados por um sistema 'inteligente' que reconhece a localização do sujeito e o auxilia em suas necessidades. Isso fornece suporte ativo e personalizado, com dicas para os alunos de que estão no caminho certo, no lugar certo e na hora certa, com base nos contextos pessoais e ambientes do mundo real, bem como o perfil e o portfólio de aprendizagem do aluno.

Aprendizagem

A aprendizagem se dá no contexto de mobilidade, situada no ambiente real, e é centrada nas necessidades do sujeito, a partir da sua ação e interação com o meio físico, social e digital, guiada pela observação do entorno, da exploração e da experimentação, realizando aproximações e distanciamentos necessários para a significação. Por ser autônoma, possibilita ao aluno encontrar as próprias fontes e estratégias para ampliar o seu conhecimento tanto individualmente quanto em grupo.

No que se refere ao *u-learning*, há ainda o suporte ativo à aprendizagem adaptativa. Esta é centrada nas necessidades do aprendiz, a partir de sua ação e interação com o meio físico, social e digital. É também guiada pela observação e por informações vindas do entorno (informadas pelo sistema), a fim de fornecer a devida orientação para cada sujeito, por meio de exploração e experimentação, realizando aproximações e distanciamentos necessários para a significação.

Pelo fato de ser autônoma, possibilita ao aluno encontrar as próprias fontes e estratégias para ampliar seu conhecimento tanto individualmente quanto em grupo.

Competências — o saber em uso ou o saber em ação

O desenvolvimento de competências é potencializado, tornando-se mais efetivo pelo fato de a aprendizagem ser situada no ambiente real, o que facilita a identificação das competências necessárias para desenvolver determinada atividade e as novas competências necessárias (*gaps*), bem como ajuda a acompanhar o desenvolvimento de determinada competência (por ela poder ser aplicada quase instantaneamente) e a avaliação da competência, ou seja, o seu uso (desempenho).

As competências podem ser pensadas a partir da criação de ambientes de aprendizagem que relacionem:

- Banco de informações sobre o perfil pessoal e/ou profissional (esse último no caso de estar vinculado ao uso na empresa) de cada sujeito.
- Portfólio com o processo e a produção individual e coletiva dos sujeitos.
- Banco com informações sobre o acompanhamento e a avaliação do desenvolvimento ou desempenho (caso esteja vinculado à empresa) do sujeito, o qual é alimentado tanto pelos pares quanto pelos profes-

sores e/ou superiores (no caso de estar vinculado à empresa) e, ainda, pelo próprio sujeito em acompanhamento e avaliação.
- Banco com informações relacionadas às autoavaliações dos sujeitos, que pode ser criado por meio de contínuas inserções, por exemplo, em um diário de desenvolvimento ou construído em diferentes momentos, a partir de um formulário próprio estabelecido para tal fim.

Essas informações podem ser cruzadas com outro banco de informações que contenha diferentes atividades ou projetos a serem desenvolvidos, competências e níveis de competências que os sujeitos precisam ter em relação às diferentes áreas, domínios envolvidos em um projeto de aprendizagem ou, ainda, de desenvolvimento (no caso de empresas). Esse conjunto de informações pode auxiliar em momentos de tomada de decisão sobre quem integrará determinado projeto e, também, como elemento desencadeador da oferta de novos processos formativos e de capacitação baseados no desenvolvimento de competências.

No que se refere ao *u-learning*, é importante considerar a possibilidade de suporte ativo e adaptativo à aprendizagem, o que contribui ainda mais para o desenvolvimento de competências, pois alguns elementos vinculados a elas podem ser capturados pelos sensores que estão nos objetos e, dessa forma, informados ao sistema, compondo, assim, o cenário do desenvolvimento de competências.

Ambiente de aprendizagem

O ambiente de aprendizagem é móvel, heterárquico, flexível, participativo, centrado na ação e na interação para a construção do conhecimento. Contribui para fomentar um ambiente de respeito mútuo e solidariedade interna e favorece o trabalho interdisciplinar.

No que se refere ao *u-learning*, o ambiente ainda pode ser ubíquo, sensível ao contexto e adaptável às necessidades de aprendizagem do sujeito.

Contexto de aprendizagem

O *contexto de aprendizagem* é formado pelo conjunto das circunstâncias relevantes para o sujeito aprender e envolve:

- Dispositivos móveis, comunicação sem fio e ambientes utilizados pelos sujeitos para agir e interagir, a fim de construir conhecimentos.
- Metodologias (PAP — projetos de aprendizagem baseados em problemas, identificação e resolução de problemas, casos, desafios, construção de cenários, simulações, diálogos socráticos e painel de discussões).
- A interação do sujeito com o lugar físico onde ele se encontra e como este contribui ou não para que a aprendizagem possa acontecer (circulação de pessoas, interrupções frequentes, barulho, condições climáticas, condições de conforto, iluminação, posição etc.).
- A relação entre tempo disponível e o tipo de ação/interação que pode se desenvolver nesse tempo.
- A relação dos itens anteriores com a velocidade da conexão sem fio, bem como a manutenção do sinal (caso o sujeito esteja em uma situação de deslocamento, como em viagem, por exemplo).

O *conteúdo em m-learning* é composto por materiais didáticos e objetos de aprendizagem (informação estruturada e codificada, palavra oral do professor etc.).

Um evento de aprendizagem em m-learning pode ser um curso, uma palestra, um seminário, uma discussão de um caso, ou seja, qualquer situação na qual o sujeito possa aprender.

Por fim, *a mediação pedagógica (professor) em m-learning* está na 'interface' do conteúdo com o contexto.

O contexto é o que for relevante para o sujeito construir seu conhecimento, o que pode mudar dependendo do momento e do sujeito.

No que diz respeito ao *u-learning*, o contexto envolve, além do que foi citado no *m-learning*, as tecnologias de sensores e a interação do sujeito com os 'objetos funcionais'. O conteúdo envolve os itens listados no *m-learning* e informações sobre o sujeito e o ambiente (entorno) ao passo que a mediação pedagógica envolve, além do que foi citado no âmbito do *m-learning*, a possibilidade de ser realizada por um sistema eletrônico.

Metodologia e práticas

As metodologias e práticas pedagógicas são problematizadoras, de forma a contemplar o desenvolvimento de competências, a interdisciplinaridade e o princípio da dialogicidade. São centradas na pesquisa e manipulação, no aprender a pensar — identificar e resolver problemas, aprender a fazer perguntas, a trabalhar cooperativamente. Entre elas destacamos: PAP, identificação e resolução de problemas, casos, desafios, oficinas, construção de cenários, simulações, diálogos socráticos, painel de discussões, entre outras.

Mediação e intermediação pedagógica múltipla

A mediação é entendida como o movimento construído na relação dialógica que se estabelece a partir da interação constante entre professores, alunos e diferentes meios utilizados para desenvolver os processos de ensino e de aprendizagem. É fundamental para identificar emergências e oportunidades de aprendizagem, buscar o sentido e questionar mensagens ambíguas, reorganizar, mapeando o que é relevante e significativo, enfim, é indispensável para mobilizar o processo educativo e instigar/provocar a aprendizagem. Pode ser realizada ainda no sentido de propor desafios, novos caminhos, novos rumos, a partir de pesquisas que os sujeitos desenvolvem, de discussões e reflexões que realizam.

Na intermediação pedagógica múltipla é importante considerar que todos podem propor desafios, apresentar soluções, novos caminhos, novos rumos, a partir de pesquisas que se desenvolvem a partir de discussões e reflexões que realizam. Dessa forma, todos são ora pesquisadores, ora aprendizes e ora mediadores pedagógicos.

Neste caso, o modo como a mediação e a intermediação pedagógica poderão ser desenvolvidas dependerá do contexto tecnológico, ou, melhor dizendo, do tipo de dispositivo móvel e das ferramentas às quais o sujeito tem acesso, tais como telefone celular, PDA, *smartphone*, computadores portáteis, chat, SMS, fóruns, diários, entre outras.

No que se refere ao *u-learning*, essa mediação pode ser 'compartilhada' com o sistema, o qual fornece informações (*feedback*) sensíveis ao contexto de aprendizagem no qual o sujeito se encontra. Essas informações se adaptam às necessidades de aprendizagem do sujeito em dado momento, podendo auxiliá-lo nesse processo.

Acompanhamento e avaliação

O acompanhamento e a avaliação são processuais, continuados e formativos. Envolvem diagnóstico, observação e acompanhamento constante da interação, do desenvolvimento dos sujeitos em pequenos grupos e individualmente, respeitando seu ritmo e suas necessidades de aprendizagem.

O objetivo é reorientar rumos, ajudar os sujeitos a superar dificuldades percebidas e impulsionar o desenvolvimento. A avaliação é, nesse caso, qualitativa e pode envolver acompanhamento e avaliação da aprendizagem e, também, o processo formativo desenvolvido pelo professor.

O acompanhamento e a avaliação da aprendizagem podem ser realizados por meio de avaliação diagnóstica ou inicial, avaliação prognóstica, avaliação formativa, avaliação sistematizadora, autoavaliação e avaliação somativa, que envolve professor-formador, colegas do grupo e o próprio aluno avaliado.

No que se refere ao *u-learning*, o acompanhamento e a avaliação individual podem também se valer de dados informados pelo sistema ubíquo, sensível ao contexto e adaptável às necessidades de aprendizagem do sujeito.

As principais diferenças entre um sistema de aprendizagem por *m-learning* e por *u-learning* (apresentadas no Quadro 3.3) se referem à sensibilidade ao contexto e à ação ativa do sistema, o que permite ao *u-learning* observar o processo, capturar dados e fornecer informações que se adaptam às necessidades de aprendizagem do sujeito, orientando-a e, dessa forma, auxiliando no desenvolvimento e na avaliação de diferentes habilidades e competências em ação, para solução de problemas do mundo real, no mundo real. Liu e Hwang (2009) elaboram a tabela a seguir como forma de evidenciar essas diferenças.

Quadro 3.3 Comparação entre *u-learning* e *m-learning*

Sistema de aprendizagem	m-learning	u-learning
Consciência do contexto do aprendiz	Pelo acesso ao banco de dados com o portfólio de aprendizagem.	Pelo acesso ao banco de dados com o portfólio de aprendizagem e sensibilidade aos contextos pessoais (por exemplo, a localização e a temperatura do corpo) e ambientais do mundo real.
Acesso aos serviços de aprendizagem ou materiais	Aprendizes acessam ativamente o sistema por meio de redes sem fio. O sistema de aprendizagem geralmente fornece serviços.	O sistema fornece ativamente serviços personalizados para os alunos com base no contexto do aluno.
Portfólio	Gravação on-line dos comportamentos do aluno.	Gravação on-line dos comportamentos do aluno e do ambiente correspondente no mundo real.
Suporte personalizado	Com base no perfil do aluno e no banco de dados com comportamentos on-line.	Com base nos comportamentos pessoais e situações ambientais do aluno no mundo real.
Integração de recursos de aprendizagem	A alteração dos dispositivos móveis eventualmente pode interromper as atividades de aprendizagem.	O serviço de aprendizagem não é interrompido enquanto o aluno se move de um lugar para outro e o ambiente está mudando (incluindo dispositivos de aprendizagem e as redes).

Fonte: adaptado de Hwang, Tsai e Yang (2008), tradução livre.

É possível perceber que o *u-learning* oferece um suporte ainda mais adaptável do que o *m-learning*, pois considera mais as características individuais do aluno, oriundas de várias fontes no contexto.

Cabe ressaltar que o sucesso de uma proposta educacional ofertada na modalidade *m-learning* ou *u-learning* está diretamente relacionado à compreensão de como o processo de aprendizagem ocorre, à identificação das potencialidades de determinada tecnologia a ser utilizada, ao reconhecimento do contexto de aprendizagem e ao conhecimento e a fluência que o professor tem no seu uso. É desse imbricamento que devem surgir as escolhas metodológicas e as práticas pedagógicas a serem adotadas.

Certezas provisórias sobre questões didático-pedagógicas referentes a mobilidade e ubiquidade

Algumas certezas provisórias sobre questões didático-pedagógicas relativas à mobilidade e à ubiquidade foram se construindo ao longo das inter-relações das leituras sobre a produção do conhecimento existente na área, das pesquisas que desenvolvemos, dos processos de capacitação realizados e, ainda, das reflexões que surgiram desse imbricamento na análise da sociedade atual em que vivemos e convivemos. Essas certezas provisórias são apresentadas a seguir.

Em primeiro lugar, as questões didático-pedagógicas são de fundamental importância para o sucesso dos processos de formação e de capacitação na modalidade *m-learning* e/ou *u-learning*. É necessário que sejam observadas as sensações, as subjetividades, os desejos e os afetos dos sujeitos envolvidos.

No *m-learning* e no *u-learning*, suportados pela concepção interacionista-construtivista-sistêmica, todos são pesquisadores, aprendizes e, também, mediadores pedagógicos, em contextos de aprendizagem que incluem diferentes metodologias problematizadoras — como projetos de aprendizagem, elaboração de mapas conceituais, desafios etc. —, as quais podem ser propostas por qualquer um dos sujeitos que participam do processo.

Dessa forma, tanto os avanços quanto as dificuldades são compartilhados por todos, em uma dinâmica que envolve a ação e a interação, contribuindo para a formação de sujeitos autônomos, reflexivos, com alto nível de autoria e cooperativos.

O *m-learning* e o *u-learning* podem integrar diferentes contextos de aprendizagem, que contemplem fundamentalmente a construção de conhecimentos por meio de redes de interação suportadas por ambientes virtuais de aprendizagem, tais como o COMTEXT® (discutido em detalhes no Capítulo 4), o qual está alicerçado na lógica e nas ferramentas da *Web 2.0*, supondo, portanto, a coconstrução, a coautoria de todos os envolvidos no processo de interação.

Uma questão relacionada ao *m-learning* e ao *u-learning* é a necessidade de ter um planejamento aberto, flexível, que se adapte e respeite fundamentalmente os diferentes contextos de aprendizagem dos sujeitos envolvidos nesse processo, reorganizando-se sistemicamente a partir da própria dinâmica de desenvolvimento.

É necessária uma nova compreensão da mediação pedagógica, no sentido de uma perspectiva dialógica, na qual todos os envolvidos, em diferentes momentos e níveis, assumem a responsabilidade pela mediação das interações, tornando-se corresponsáveis e coautores da produção coletiva de conhecimentos e auxiliando-se mutuamente nas produções individuais. Essa compreensão evidencia uma relação heterárquica (isto é, não existe uma hierarquia única ou predefinida, o poder e a decisão são compartilhados entre os participantes) e de diálogo entre os envolvidos, demonstrando a necessidade de um comprometimento mútuo, de uma parceria efetiva, que não exclui as responsabilidades de cada um no processo de ensinar e de aprender.

O 'efetivo' uso da mobilidade, além de 'alargar' os limites das práticas, pode viabilizar outras possibilidades, como, por exemplo, a localização e a formação de grupos conforme afinidades e/ou complementaridade de interesses e competências dos sujeitos, anotações de observações em saídas a campo, por meio de texto, fotografia, áudio, vídeo.

Os sujeitos que participam de um processo formativo e/ou de capacitação na modalidade *m-learning* percebem que o uso das TIMS implica novas aprendizagens, as quais ocorrem principalmente por meio da interação, das trocas, do diálogo e do comprometimento com o outro, o que permite conhecer melhor os parceiros com os quais interagem. Implica ainda aprender a organizar e administrar o tempo e os espaços para aprender.

Em função das limitações ergonômicas, é fundamental que o material utilizado seja adaptado ao tipo de dispositivo móvel que será utilizado nas ofertas formativas e de capacitação desenvolvidas na modalidade *m-learning*.

No que se refere às questões didático-pedagógicas no *m-learning* e no *u-learning*, fica claro que não basta somente prover acesso aos conteúdos em qualquer lugar e a qualquer tempo, mas principalmente propiciar um tempo hábil para que os sujeitos envolvidos no processo possam ler, estudar, agir, interagir, enfim, aprender, não se esquecendo das restrições dos 'tempos mortos' e do próprio contexto de vida pessoal e profissional de cada sujeito.

Ao utilizar metodologias problematizadoras, tais como o desenvolvimento de projetos de aprendizagem em processos formativos e de capacitação na modalidade *m-learning* e *u-learning*, é fundamental possibilitar aos sujeitos um tempo inicial para a formação e a organização de grupos. O desenvolvimento dos projetos pode estar associado ao uso de mapas conceituais, como forma de organizar e sistematizar as construções e inter-relações entre os conceitos.

Além disso, para que os professores possam desenvolver metodologias, práticas e processos de mediação pedagógica adequados às características e potencialidades do *m-learning* e do *u-learning*, é necessário que vivenciem esse processo, em todos os seus aspectos, desenvolvam fluência no uso dessa tecnologia como parte de sua formação e capacitação continuada, de forma que passe a ser muito mais que uma simples novidade tecnológica, ou seja, que passe a integrar um processo de inovação didático-pedagógica.

Assim, é necessário primeiramente vivenciar processos de ensino e de aprendizagem na modalidade *m-learning* e *u-learning*, buscando identificar potencialidades e limitações a partir das diferentes concepções epistemológicas, metodologias e práticas pedagógicas. Após esse processo, o professor-formador terá desenvolvido competências que lhe permitam, a partir da definição dos objetivos educacionais, identificar que metodologias, práticas e processos de mediação pedagógica se ajustam às diferentes tecnologias disponíveis, considerando as especificidades de cada modalidade e os objetivos propostos.

No *m-learning* e no *u-learning*, a principal função do docente é problematizar, orientar, promover a articulação entre diferentes informações e o conhecimento que o aluno possui, pois a aprendizagem, mais do que nunca, torna-se responsabilidade do aluno, não se restringindo a espaços físicos como a sala de aula e/ou sala de 'treinamento', mas prolongando-se no tempo e no espaço. Assim, cabe ao professor integrar as tecnologias em ambientes híbridos, lembrando que a escolha é também do aluno, tanto dentro quanto fora da sala de aula, pois o acesso ubíquo a diferentes dispositivos já é parte integrante de nossos ambientes profissionais, domésticos e de lazer.

Outro fator imprescindível para a mediação pedagógica em *m-learning* e do *u-learning* é a perspectiva dialógica, promovida entre todos os envolvidos. Quando há um comprometimento de parceria, permeada por um constante diálogo, em uma relação democrática e ética, o outro é considerado como legítimo outro na interação, e as relações se desenvolvem em um clima de afetividade e respeito mútuo, permeados pela reflexão sobre e na ação.

O uso de TIMS nos processos de ensino e de aprendizagem na modalidade *m-learning* também exige que seja reservado um tempo para a familiaridade do sujeito, um tempo para que ele possa experimentar, explorar as ferramentas disponíveis.

É preciso desenvolver uma cultura de *m-learning* e *u-learning*, com o uso efetivo das TIMS. Inicialmente, os sujeitos sentem falta de encontros presenciais convencionais, principalmente em virtude do fato de estarem acostumados a participar de cursos em ambientes presenciais físicos, com pouca ou nenhuma tecnologia digital envolvida, contando com o 'olho no olho'. As reuniões presenciais, nesse caso, constituem-se como espaço de apoio e de 'encontro' para resolução de dúvidas e questionamentos.

Uma adoção bem-sucedida das TIMS implica aspectos como: a autonomia, a reorganização, uma cultura de uso, o 'desaparecimento' dessa tecnologia na vida diária do sujeito, integrando-se às rotinas e aos contextos de trabalho, de modo que, com o tempo, se tornem naturais.

Conclusões e reflexões

Concluindo temporariamente, é importante lembrar que, ao propor processos formativos e de capacitação na modalidade *m-learning* e *u-learning*, é necessário priorizar o aspecto didático-pedagógico, ter em mente as diferentes características e aspectos vinculados a cada modalidade e os diferentes contextos de aprendizagem que podem surgir. É necessário considerar os objetivos de uso das tecnologias envolvidas, sobretudo no que se refere à mobilidade física dos sujeitos, por causa das restrições técnicas e ergonômicas dos dispositivos móveis, bem como as questões relacionadas ao tempo e ao espaço.

É preciso pensar em formas de adaptar o uso ao contexto dos sujeitos, de modo a não limitar a sua participação e, consequentemente, a própria adoção dessas tecnologias.

O fator 'tempo' deve ser considerado como um sinalizador, pois não basta prover acesso aos conteúdos em qualquer lugar e a qualquer momento, pois, para que a aprendizagem ocorra, é necessário que o sujeito tenha espaços e tempos hábeis para ler, estudar, agir e interagir.

Outro aspecto que precisa ser observado é a oferta de soluções construídas a partir de necessidades específicas dos sujeitos ou grupos de sujeitos (considerando os diferentes contextos de aprendizagem, os quais podem combinar e integrar as diferentes modalidades educacionais — presencial-física, *e-learning, m-learning, u-learning* etc.). Assim, como não há, até o momento, uma 'teoria de aprendizagem com mobilidade' consolidada, o que precisamos é de uma adaptação das teorias existentes, uma adequação pedagógica em relação às escolhas tecnológicas.

As tecnologias digitais por si só, incluindo as TIMS, no *m-learning* e no *u-learning*, não provocam mudanças na educação. A forma como os sujeitos utilizam-nas é que 'faz surgir' e 'molda' a inovação.

O foco nesse processo não é o instrumento digital em si, mas a trama que se estabelece na interatividade do sujeito com a tecnologia e na interação entre os sujeitos, a partir de seu uso. Essa interação dá origem a compreensões que surgem justamente nesse processo de transformações que as novas tecnologias impõem aos velhos hábitos. Assim, tanto os sujeitos quanto a própria tecnologia mudam ou se adaptam.

Por isso é fundamental que professores-pesquisadores estejam atentos à forma como diferentes sujeitos utilizam as TIMS e como elas têm modificado a maneira como eles acessam a informação, como se comunicam/interagem, como se relacionam, como produzem conhecimento e como disseminam e/ou compartilham informações.

Estes, sim, são elementos significativos que podem nos dar 'pistas' sobre como o uso de diferentes tecnologias digitais tem contribuído para que ocorram mudanças significativas na maneira como o sujeito pensa, soluciona problemas, enfim, na forma como vive e convive com e a partir da tecnologia.

Então, poderemos pensar em novas possibilidades pedagógicas que se originam das potencialidades tecnológicas, da forma como elas são apropriadas pelos sujeitos e na vinculação com as teorias que fundamentam a aprendizagem e o desenvolvimento humano.

No entanto, é preciso considerar que a diversidade dos ambientes educacionais e das TIMS pode tornar imprecisa a delimitação de uma estratégia pedagógica particular para o aprendizado móvel. Assim, o *m-learning* e o *u-learning* também vão adquirindo diferentes nuanças, tão variadas e específicas quanto as possibilidades tecnológicas, epistemológicas e metodológicas, evidenciando diversas formas de atividades e situações pedagógicas para impulsionar o desenvolvimento cognitivo, sociocognitivo e metacognitivo dos sujeitos.

É importante lembrar que não temos a pretensão de abarcar todas as potencialidades e limitações que a aprendizagem em contexto de mobilidade e ubiquidade podem trazer aos processos de formação e de capacitação dos sujeitos com o uso de TIMS.

É fundamental salientar ainda a necessidade de uma profunda reflexão e uma discussão que leve em conta aspectos como segurança, privacidade dos sujeitos, relações de trabalho, ética e fatores psicológicos e sociológicos relacionados a esse tipo de tecnologia, pois representam questões que devem estar subjacentes às nossas escolhas como sujeitos de um mundo em constante mutação.

Apêndice

Principais concepções epistemológicas e modelos pedagógicos

'Epistemologia' é um termo de origem grega, em que *episteme* significa 'ciência', 'conhecimento', e *logia* significa 'estudo'. Pode ser definida em sua etimologia como 'estudo da ciência ou estudo do conhecimento'.

A origem da epistemologia pode ser atribuída ao filósofo grego Platão (427-347 a.C.), ao referir o conhecimento como 'crença verdadeira e justificada'.

A epistemologia ou 'teoria do conhecimento' é um ramo da filosofia que se dedica a investigar a natureza, a origem, a estrutura, os métodos e a validade do conhecimento. Busca responder a algumas questões como "o que é o conhecimento?" e "como conhecemos?"

No que se refere a processos de formação e de capacitação, todo e qualquer desenvolvimento de um processo ou produto é permeado por uma concepção epistemológica, por uma crença de como o sujeito conhece, de como ele aprende. Essa concepção epistemológica expressa um paradigma de pensamento que perpassa a compreensão do professor a respeito da origem do conhecimento e potencializa-se nas práticas pedagógicas desenvolvidas durante os processos de capacitação e de formação.

De acordo com Tardif (2002), os saberes pedagógicos constituem-se, ao longo da vida do educador, em forma de concepções, as quais fundamentam e alicerçam as atividades pedagógicas docentes. Nesse contexto, propomos, a partir de Becker (1997), o Quadro A.1, que pode ajudar-nos a compreender melhor os modelos pedagógicos, bem como os modelos epistemológicos que os originaram, para posteriormente podermos entender onde se situam as diferentes metodologias, práticas e processos de mediação.

Quadro A.1 Modelos pedagógicos e epistemológicos, em que S = sujeito, O = objeto, A = aluno e P = professor

Epistemologia		Pedagogia	
Teoria apriorista	**MODELO S → O**	**Teoria não diretiva**	**MODELO A → P**
O conhecimento está '*a priori*', ou seja, ao nascer, o sujeito traz todas as condições cognitivas necessárias para seu viver. Dessa forma, as estruturas de conhecimento já vêm programadas na bagagem hereditária de forma inata ou são submetidas ao processo de maturação. O conhecimento é entendido como algo exclusivo do sujeito, de forma que o meio não participa dele. Dessa concepção originam-se as crenças de que há certa predisposição no sujeito para aprender mais sobre determinados domínios do que outros.		O professor acredita que as condições de possibilidade do conhecimento são dadas na bagagem hereditária, são predeterminadas, como um pré-requisito, e não como uma instância de interação com o meio. O aluno aprende se tem 'dom', se tem 'talento'. Ao professor, cabe despertá-lo, sem necessidade de direcionamento, de ensino, por isso as metodologias são ditas não diretivas. Dessa concepção surgem as aulas do tipo '*laissez-faire*', em que todo o processo depende do aluno e praticamente inexiste a mediação pedagógica, por se acreditar que isso possa atrapalhar o sujeito no seu processo de conhecer.	
Teoria empirista	**Modelo S ← O**	**Teoria diretiva**	**Modelo A ← P**
Ao nascer, o sujeito nada traz em termos de conhecimentos. Todas as condições cognitivas necessárias para o seu viver vêm do meio externo, captadas pelos órgãos dos sentidos. O conhecimento é entendido como algo externo ao sujeito, algo que pode e precisa ser transmitido, sendo adquirido pelos sentidos e, dessa forma, impresso na mente do sujeito.		O professor acredita que o conhecimento é transmitido, e é isso o que garante a aprendizagem e o bom desempenho. O aluno é visto como uma 'tábua rasa', um receptor passivo de informações. "A postura epistemológica empirista caracteriza-se por atribuir aos sentidos a fonte de todo conhecimento. [...] a crença de que o conhecimento acontece no ser humano por reprodução, pela via sensorial, pela representação sensível." (Becker, 2003a, p. 99.) De acordo com Freire (1987), trata-se de uma educação do tipo 'bancária'.	

Teoria interacionista	Modelo S ↔ O	Teoria relacional	Modelo A ↔ P
O conhecimento é entendido como resultado de um processo de interação entre o sujeito e o meio físico e social, ou seja, em uma relação de interdependência entre o sujeito e seu meio. As trocas sociais são condições necessárias para o desenvolvimento do pensamento. De acordo com Becker (1993), é na medida em que o sujeito interage (e, portanto, age sobre e sofre ação do objeto) que ele produz sua capacidade de conhecer e também o próprio conhecimento.		O professor oportuniza o acesso às informações, de forma que o aluno se aproprie e experimente o processo de aprendizagem. Atua como mediador, problematizador, instigador, orientador, articulador do processo. É a ação do sujeito, em interação com o objeto de conhecimento e demais sujeitos, que é realmente importante no processo de aprendizagem. Portanto, para que o processo de construção do conhecimento ocorra, há necessidade de profunda mudança nas relações que se estabelecem entre professores e alunos. Elas passam a ser dinâmicas, com regras estipuladas pelo grupo de alunos e pelo professor, podendo ser rompidas e reestabelecidas, caso se fizer necessário. "O professor pode, e muitas vezes deve, expor unidades de matéria aos alunos. Isso não significa que esteja necessariamente professando a crença empirista na transmissão do conhecimento. A exposição é vista como útil, necessária e perfeitamente compatível com uma epistemologia crítica, desde que não seja entendida como condição suficiente de aprendizagem, mas como momento importante de um processo pedagógico ativo." (Becker, 2003a, p. 105.)	

Fonte: Adaptado de Becker (1997)

Tanto na concepção apriorista como na concepção empirista, é possível identificar um sujeito passivo, que, para os aprioristas, não precisa agir, pois tudo está *a priori*, é herdado; para os empiristas, por outro lado, ele não precisa agir porque o meio dará tudo o que ele necessita.

Becker (1993) diz que não basta ter nascido para ser sujeito de conhecimento como mostram os aprioristas, pois um corpo é dado por hereditariedade, mas um sujeito é construído passo a passo, por força da ação própria, no espaço e no tempo. Trata-se de ação sobre o meio social, econômico e cultural. Por outro lado, o meio por si só não se constitui um 'estímulo', de forma que o sujeito por si só não se constitui 'sujeito' sem que haja a mediação do meio físico e social. Portanto, este é um processo de interação entre o mundo do sujeito e o mundo do objeto ativada pela ação do sujeito.

No que se refere aos modelos pedagógicos que se originam a partir dessas concepções epistemológicas, é importante salientar que ainda hoje a 'pedagogia diretiva' está presente em muitas propostas educacionais. Isso independe do tipo de tecnologia utilizada, pois depende da compreensão que o professor tem de como o sujeito adquire conhecimento, ou seja, de como ele aprende.

É muito comum, por exemplo, ouvirmos falar em 'treinamento', mas em que consiste um 'treinamento'? Treinamento é uma palavra com origem no francês, *traîner*, que significa 'puxar, arrastar, carregar consigo, levar alguém à força'. Portanto, pode-se deduzir sua etimologia como 'o ato de se conduzir alguém forçadamente de um ponto a outro'. Treinamento é um termo amplamente aceito, 'compreensível' e comumente utilizado, principalmente no ensino não formal, desenvolvido em organizações e empresas. Estas, durante muito tempo, acreditaram (e muitas ainda acreditam) que o treinamento tradicional era suficiente para dar conta da aprendizagem, do desenvolvimento das competências necessárias para que seus colaboradores (funcionários) pudessem desenvolver com qualidade as suas atividades profissionais. Assim, embora muitas vezes a palavra 'treinamento' seja ressignificada para contextos de aprendizagem, permanece vinculada a uma ideia de que conhecimento é algo externo ao sujeito e, portanto, deve ser transmitido e, dessa forma, impresso na mente do sujeito. Isso só é possível por meio da instrução, do exercício da repetição, cujo resultado mensurado por testes e provas, como forma de aferir o fracasso ou a promoção do sujeito, conceitos que representam uma visão de conhecimento enraizada na concepção epistemológica empirista.

Dessa forma, o fato de treinar pessoas e introduzir tecnologias para 'facilitar' seu trabalho não significa que essas tecnologias serão utilizadas para melhorar a qualidade, a eficácia e a eficiência nos processos, ou para provocar o surgimento da inovação. Frequentemente o que ocorre é o uso dessas tecnologias somente como uma novidade, conservando velhas formas de desenvolver as atividades, não dando lugar a novas significações que poderiam decorrer no uso exploratório e da reflexão sobre as potencialidades que oferecem. Dessa forma, não há uma transformação qualitativa, mas transposições para um novo meio, o que representa uma novidade e não uma inovação.

Entretanto, assim como as pesquisas nas demais áreas do conhecimento evoluem, a pesquisa na área da aprendizagem humana avançou significativamente nos últimos tempos, principalmente pela vinculação com outras áreas, como neurociências, genética, psicologia do desenvolvimento, sociologia, tecnologias digitais, entre outras. Isso possibilitou novas compreensões, principalmente sobre o funcionamento dos sistemas, do cérebro humano, das interações sociais, provocando o surgimento de novas teorias, que nos ajudam a melhor compreender como o sujeito aprende.

Essas teorias fundamentadas em uma concepção epistemológica interacionista-construtivista e interacionista-sociohistórica, ambas desenvolvidas com seres humanos, dizem-nos que o sujeito aprende na ação e na interação com o meio físico e social e, mais recentemente, podemos acrescentar também o meio digital. Nesse contexto, temos a 'pedagogia relacional'.

Mais recentemente, com o avanço na compreensão da teoria sistêmica e da teoria da complexidade, perpassadas pelo avanço das tecnologias digitais, surgem novos elementos que nos ajudam a ampliar e aprofundar ainda mais a nossa compreensão sobre como os sujeitos aprendem.

Trata-se de uma compreensão do conhecimento em fluxo, construído em rede, em processos de colaboração e cooperação, de forma sistêmico-complexa. Nessa concepção, o processo de conhecimento é compreendido como um processo integrado cujas propriedades fundamentais têm origem nas relações entre as partes, ou seja, é constituído de subsistemas que se inter-relacionam formando uma rede em que estes estão interligados e são interdependentes.

Assim, na visão sistêmica o conhecimento é entendido como uma rede de relações, opondo-se à ideia de conhecimento como um edifício, como blocos de construção. Em uma concepção sistêmica, toda estrutura é vista como a manifestação de processos subjacentes, de forma que o pensamento sistêmico é sempre pensamento processual.

Segundo Tardif (2002), os professores podem utilizar e combinar vários modelos de ação durante a sua prática. Assim, as concepções epistemológicas são evidenciadas nos modelos pedagógicos, e em determinados momentos da prática docente podem predominar em maior ou menor intensidade.

> O professor não pode ensinar diferentemente de seu conceito de aprendizagem; por mais que se esforce. [...] Um professor não poderá exercer uma pedagogia e uma didática inspiradas no construtivismo se continuar preso a concepções epistemológicas empiristas ou aprioristas. [...] É por isso que professores, ao assumirem uma nova moda didático-pedagógica, na medida em que se esforçam para dar conta dessa novidade, vão retrocedendo até retornarem às formas costumeiras que desejavam superar. A mudança que postulamos logrará êxito somente se for acompanhada de um esforço no sentido da crítica epistemológica e, por consequência, de mudança profunda na concepção de aprendizagem. (Becker, 2008, p. 55.)

Assim, nos processos de ensino e de aprendizagem, é preciso lembrar que a prática do professor representa o resultado da sua história de interações, construída no seu viver e conviver, como aluno e como educador, refletindo paradigmas, concepções, teorias, crenças, próprias à sociedade e à cultura em que está inserido.

É importante perceber ainda que, mesmo em ritmo menos acelerado, aspectos vinculados aos processos de ensinar e de aprender vêm sofrendo mudanças em função das novas potencialidades e limitações que surgem com o *m-learning* e com o *u-learning*.

4 Casos e ferramentas para *m-learning* e *u-learning*

Os capítulos anteriores apresentaram os principais conceitos que fundamentam as práticas de *m-learning* e *u-learning*. Este capítulo, por sua vez, tem o objetivo de apresentar casos e ferramentas relacionados a *m-learning* e *u-learning*, trazendo indicações de elementos, tais como desafios para implementação, resultados obtidos, aceitação pelos aprendizes, entre outros. Os casos e exemplos de ferramentas apresentados aqui são:

- Experiência de *m-learning* corporativo com uso do ambiente COMTEXT® para capacitação de profissionais da área de Tecnologia da Informação e de secretariado.

- Experiências de *u-learning* realizadas com a utilização do ambiente LOCAL®.

- Soluções para a capacitação de profissionais móveis criadas pela empresa Learningware[1].

Ao final do capítulo, realizaremos uma discussão geral a respeito dessas experiências e recomendações para a pesquisa e para a prática de *m-learning* e de *u-learning*. Dessa maneira, esperamos subsidiar os interessados a implementar essas modalidades tanto nos contextos de aprendizagem formal quanto na educação corporativa.

O ambiente COMTEXT® para *m-learning* corporativo

Nesta seção, conheceremos duas experiências de *m-learning* corporativo utilizando o ambiente COMTEXT®.

---

[1] <http://www.learningware.com.br>.

Descrição do ambiente COMTEXT®

Considerando a abordagem de gestão por competências e o perfil de um trabalhador móvel, o COMTEXT® é um sistema para *m-learning* empresarial que possui uma lógica compatível com os principais processos de gestão por competências.

Essa lógica considera um ciclo de desenvolvimento em quatro módulos de apoio (Figura 4.1):

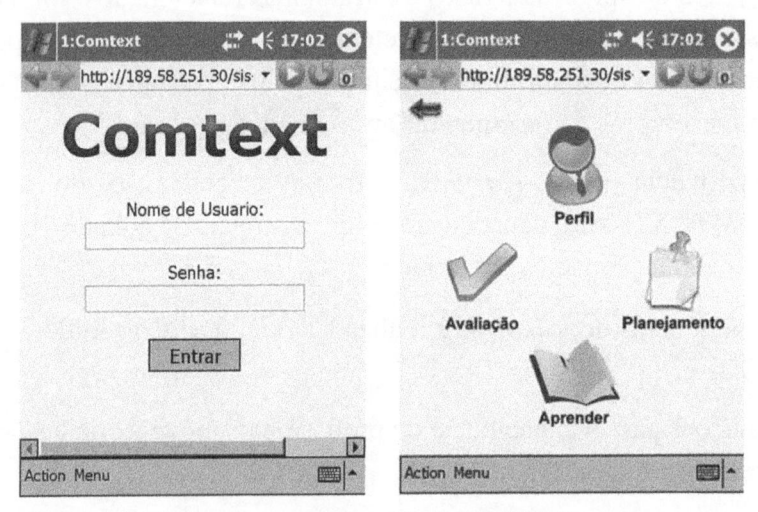

Figura 4.1 Tela inicial e módulos principais do ambiente COMTEXT®

1. O módulo 'Perfil' inicia com a identificação das competências e seu nível de desenvolvimento, possibilitando identificar *gaps* que precisam ser desenvolvidos.
2. Na sequência, é possível planejar atividades de formação/capacitação (módulo 'Planejamento').
3. Depois disso, no coração do ambiente, encontra-se o módulo 'Aprender', que oferece uma série de ferramentas para apoiar atividades de ensino e de aprendizagem.
4. Por fim, o ambiente apresenta o módulo 'Avaliação', que permite acompanhar e verificar se as competências desejadas foram de fato desenvolvidas, retroalimentando o módulo inicial 'Perfil'.

Esse ciclo possui interações entre as quatro etapas que correspondem aos quatro módulos. A identificação das necessidades de desenvolvimento de competências e o próprio planejamento são dinâmicos, e o surgimento de novas necessidades ou *gaps* de competências leva a novos ciclos de desenvolvimento contínuo.

Inicialmente, o COMTEXT® permite, em seu módulo Perfil (Figura 4.2), cadastrar e acessar a 'árvore' ou 'mapa' das competências organizacionais desdobrando-a até o nível individual.

O ambiente permite registrar o *status* de cada indivíduo (aprendiz) em relação às competências individuais desdobradas das competências organizacionais. Também possibilita que cada usuário verifique, em uma comunidade de aprendizes, quem possui determinada competência desenvolvida.

Esse recurso de visualização das competências pode ser utilizado tanto para o compartilhamento de conhecimentos e experiências entre aprendizes quanto para formar equipes *ad hoc*, ou por projeto, a partir da identificação de competências individuais que podem ser combinadas em um grupo de trabalho/projeto. Dessa forma, o ambiente apoia o desenvolvimento não só de competências individuais, mas também de competências coletivas, que são essenciais para a formação das competências organizacionais.

As ferramentas disponibilizadas no ambiente COMTEXT® no módulo Aprender (Figura 4.3) visam a apoiar o desenvolvimento de competências de profissionais móveis de forma interativa. Com isso, o ambiente visa a

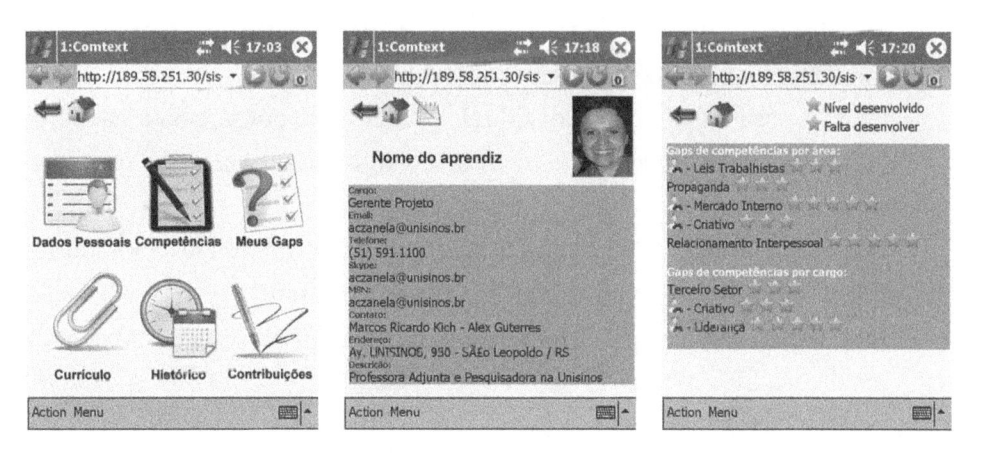

Figura 4.2 Telas do módulo Perfil do ambiente COMTEXT®

Figura 4.3 Ferramentas para aprendizagem (módulo Aprender)

fomentar a criação de uma comunidade virtual de aprendizagem e de prática. Nessa comunidade, pode-se ter a figura de um orientador/articulador, de um professor ou de um *coach* como facilitador dos processos de interação entre os aprendizes, dependendo das características e das necessidades de capacitação corporativa a serem realizadas dentro do ambiente.

As ferramentas disponibilizadas para esses processos de aprendizagem são:

- **Diário:** permite que cada indivíduo registre suas observações, comentários, aprendizagens, dúvidas, dificuldades e sentimentos. É um espaço para orientação individual, e pode ser acompanhado por um orientador/articulador, *coach*, líder ou outro facilitador do processo de aprendizagem.
- **Fórum:** viabiliza a interação assíncrona na comunidade, apoiando a discussão sobre os mais diferentes tipos de assunto.
- **E-mail:** dá aos usuários acesso à página de seus respectivos provedores de e-mail via Web.

- **YouTube Mobile®:** uma das grandes limitações dos dispositivos móveis é a dificuldade em manipular textos em virtude do tamanho reduzido de telas e teclados. O YouTube Mobile® permite utilizar esse site de compartilhamento largamente difundido no cotidiano da Web, tanto no acesso a vídeos já disponíveis para formações/capacitações corporativas (por exemplo, demonstrações de produtos ou vídeos institucionais e promocionais) quanto na criação de vídeos específicos para uma atividade da empresa.
- **Skype®:** acesso ao comunicador instantâneo gratuito, amplamente utilizado por indivíduos e empresas.
- **Mapas conceituais:** para a elaboração de mapas conceituais, o COMTEXT® apresenta uma indicação para uso da ferramenta Pocket Mindmap® (versão demo) que é instalada nos dispositivos móveis utilizados. Essa ferramenta possibilita a criação de mapas conceituais por meio dos quais os indivíduos ou equipes possam expressar seu entendimento sobre determinados conceitos e as relações entre eles, ou, ainda, sobre determinada realidade.
- **Objetos de aprendizagem e arquivos:** permitem tanto a inserção quanto a consulta de objetos de aprendizagem e arquivos de diferentes naturezas (documentos, figuras, fotos, áudio, vídeo etc.). Cada membro da comunidade também pode inserir e acessar recursos nessas ferramentas.

Por fim, o COMTEXT® oferece um módulo para acompanhamento e avaliação da aprendizagem (Figura 4.4), por meio do qual é possível criar instrumentos que podem conter tanto questões fechadas (escalares) quanto questões abertas/textuais; com estas, as pessoas podem expressar seus pontos de vista, baseados em critérios definidos pela própria comunidade. Com isso, é possível realizar tantas avaliações quantitativas e/ou qualitativas quanto se julgar necessário, dependendo da dinâmica das ações de formação/capacitação realizadas no ambiente. Pode-se, por exemplo, efetuar uma avaliação do tipo 360 graus (dos aprendizes, dos orientadores/articuladores, das atividades e do ambiente em si, autoavaliações, entre outras).

FIGURA 4.4 Ferramentas do módulo Avaliação

O módulo Avaliação também disponibiliza um recurso de portfólio que agrupa todas as interações registradas pelos aprendizes nas ferramentas 'Diário', 'Fórum' e 'Chat'. Com isso, são obtidas informações que retroalimentam os dados do módulo Perfil, permitindo acompanhar e avaliar o avanço dos aprendizes e da comunidade de aprendizagem ou de prática no desenvolvimento de competências individuais e coletivas.

Aspectos técnicos do desenvolvimento do COMTEXT®

Para o desenvolvimento do ambiente COMTEXT® foram utilizados Pocket PCs HP iPAQ®, com o sistema operacional Microsoft Windows Mobile®. O navegador Internet padrão desse sistema é o Pocket Internet Explorer (PIE)®.

Um aspecto que mereceu atenção durante o desenvolvimento do ambiente foi a reduzida capacidade de processamento e memória dos dispositivos móveis. Essa limitação foi decisiva para a escolha do modelo de acesso cliente-servidor, utilizando-se *Webservices* para criar um sistema simples, padronizado e multiplataforma.

Para o desenvolvimento da interface utilizada no dispositivo móvel foi selecionada a linguagem PHP (*Hypertext Preprocessor*). O conteúdo é gerado dinamicamente no servidor, tornando, assim, o ambiente independente do sistema operacional. Para comunicação do PHP com os *webservices,* foi utilizado o protocolo SOAP (*Simple Object Access Protocol*) e a linguagem XML (*eXtensible Markup Language*), com o objetivo de padronizar a estrutura dos dados empregados na comunicação.

As tecnologias foram escolhidas e utilizadas para delegar a maior parte do processamento aos servidores. O principal benefício com isso é o fato de que o ambiente se torna funcional em qualquer dispositivo móvel. Um benefício igualmente importante é que o ambiente passa a ser independente de plataforma (guardadas as devidas restrições quanto ao acesso de conteúdo multimídia, por exemplo).

Além das limitações de hardware, como o tamanho reduzido de tela e teclado, que dificultam a visualização e a entrada dos dados, foi possível perceber diversas limitações também no software que acompanhava o dispositivo móvel adotado. Uma das principais limitações encontradas diz respeito ao navegador de Internet padrão do dispositivo móvel, que não permite a utilização da resolução real de tela do dispositivo em sua configuração de fábrica.

Outras dificuldades, como suporte limitado ao padrão CSS e ausência de recurso de navegação com *tabs* (abas), essenciais para permitir ao usuário realizar outras tarefas sem ter de sair do ambiente, levaram à escolha de outro navegador: o Opera Mobile®, que suporta um grande número de padrões Web atualmente em uso (como o CSS 2.1, XHTML 1.1, HTML 4.01, WML 2.0, Web Forms 2.0, Ajax, *tabs*, ECMAScript, DOM 2, Canvas e SVG 1.1).

O Opera Mobile® exibe páginas Web da mesma maneira que elas são visualizadas em um navegador para desktop. Isso permite ao usuário acessar com mais facilidade conteúdo Web mais completo. O navegador adotado suporta *bookmarks*, *cookies*, navegação com abas e conteúdo Adobe Flash®.

O Skype® versão móvel e o Pocket Mindmap® também apresentam um subconjunto das funções presentes em ferramentas equivalentes para PC. Além disso, no caso do Skype®, existem limitações quanto à tecnologia de rede disponível: é necessária uma conexão de alta velocidade (no caso da utilização via Wi-Fi) e são cobradas taxas adicionais de transferência de dados (caso se utilize um dispositivo 3G, como um telefone celular).

Para contornar as limitações ergonômicas dos dispositivos móveis, na interface do COMTEXT® foram usados ícones em tamanho grande, sensíveis ao toque, em substituição ao texto. Para tentar minimizar as dificuldades de digitação, foram utilizados recursos de preenchimento automático e componentes para seleção, o que favoreceu o aspecto de usabilidade da interface.

O dispositivo móvel adotado também apresentou limitações quanto ao suporte de elementos multimídia convencionais (por exemplo, *streaming* de áudio e de vídeo sob demanda, pela Internet, tamanhos especiais de fontes, entre outros). Com a utilização de ferramentas de apoio foi possível superar essas limitações. Por exemplo, a ferramenta independente ytPocket® contorna alguns problemas com a utilização da versão oficial do popular site de vídeos YouTube® para dispositivos móveis. A ferramenta permite assistir a vídeos em formato FLV (*flash video*) em dispositivos móveis executando o sistema operacional Windows Mobile®.

Além disso, o tamanho (em bytes) dos softwares empregados é um fator limitante quanto ao tipo de dispositivo móvel que se deseja utilizar. Dispositivos diferentes contam com capacidades de armazenamento diferentes: alguns dispositivos não contam com armazenamento externo em cartões de memória; outros possuem espaço de armazenamento interno reduzido. O dispositivo utilizado no desenvolvimento do COMTEXT® possui armazenamento expansível, mas ainda assim este é um ponto a considerar.

A interface Web implementada no COMTEXT® trouxe um desafio adicional: otimizar o tempo de carga do site no dispositivo móvel. Para isso, o site utiliza uma marcação HTML limpa e carrega folhas de estilo CSS a partir de arquivos externos. Além disso, as imagens utilizadas (por exemplo, ícones) foram otimizadas para reduzir o tempo total de carga do site. O menu inicial do COMTEXT® possui cerca de 40 kilobytes, incluindo imagens. Esses são somente alguns dos aspectos técnicos que desafiaram a equipe durante o desenvolvimento do ambiente.

Casos de utilização do ambiente COMTEXT®

O COMTEXT® foi aplicado em dois casos de capacitações corporativas para o desenvolvimento de competências, possibilitando a verificação da dinâmica, das oportunidades e dos desafios do *m-learning* de maneira prática.

As duas aplicações foram realizadas com grupos de funcionários da Unisinos (Universidade do Vale do Rio dos Sinos), uma das maiores instituições privadas de ensino superior do Brasil, com aproximadamente 30 mil estudantes. As práticas de gestão por competências foram iniciadas com o corpo de funcionários da universidade em 2004.

A primeira atividade de *m-learning* (realizada em julho de 2008) foi um *workshop* sobre 'mobilidade e ubiquidade', com duração de duas semanas. O objetivo desse *workshop* foi o de promover a compreensão e a discussão do novo paradigma da ubiquidade e suas possíveis aplicações para a universidade. A capacitação foi oferecida a todos os funcionários do setor de Tecnologia da Informação (TI), com adesão voluntária, contando-se com um total de 13 participantes. Nesse *workshop*, o COMTEXT® foi utilizado como plataforma de aprendizagem, acessado por meio de aparelhos (Pocket PCs) HP iPAQ® pertencentes ao Mobilab — Laboratório de Pesquisa e Desenvolvimento em Computação Móvel da Unisinos[2].

Uma segunda aplicação do ambiente foi realizada posteriormente, em novembro e dezembro de 2008, com duração de três semanas, junto a um grupo de 11 funcionárias de secretariado do Centro de Ciências Humanas. Com esse segundo grupo, foi realizada uma oficina temática intitulada 'Diálogo, colaboração e cooperação no contexto do trabalho coletivo', com o objetivo de promover a compreensão dos conceitos de diálogo, colaboração e cooperação, e sua importância para o desenvolvimento de atividades que exigem articulação em equipe, por meio de vivências de práticas pedagógicas colaborativas no contexto da aprendizagem móvel.

As duas atividades constituem estudos de caso apresentados na sequência e colaboram para a compreensão das oportunidades e desafios do *m-learning*, por apresentarem características bastante distintas.

No que diz respeito ao público-alvo das capacitações, o primeiro (formado por profissionais de TI) apresentava domínio da tecnologia da informação, tendo, em sua maioria, também experiência prévia no uso de TIMS (PDAs e *smartphones*). Era também formado por profissionais mais jovens, em sua maioria do sexo masculino. O segundo grupo (da área de secretariado) era formado por usuárias com menor domínio de tecnologia da informação, menor experiência com TIMS, sendo também um público com mais idade e, em sua maioria, pertencente ao sexo feminino. Essa distinção de

---

[2] <http://www.inf.unisinos.br/~mobilab>.

público permitiu ampliar a experimentação de práticas de *m-learning* com perfis distintos de aprendizes.

Da mesma forma, as metodologias empregadas em cada uma das atividades de capacitação foram diferenciadas. No *workshop* com os profissionais de TI, a metodologia foi mais estruturada, com atividades programadas. A segunda atividade teve um caráter mais flexível e construtivista, adaptado às necessidades dos participantes e mais fortemente voltado ao desenvolvimento de habilidades e atitudes do que propriamente a conteúdos.

Para a avaliação de ambas as experiências de *m-learning*, foram coletados e analisados dados de diferentes tipos e fontes. Os facilitadores das atividades eram os próprios membros da equipe de pesquisa; logo, não só acompanharam a experiência como foram atores na atividade, podendo observar, perguntar e acompanhar as interações, assim como as reações e percepções dos participantes à nova tecnologia.

As expectativas dos participantes sobre a experiência foram levantadas no encontro presencial de abertura. No encontro de encerramento, também presencial, buscou-se avaliar se o que era esperado foi alcançado, o que poderia ser melhorado no COMTEXT® e no processo de *m-learning*, entre outros elementos. Várias dessas observações foram registradas como notas de campo e analisadas posteriormente.

Da mesma forma, todo o conteúdo inserido nos diários de aprendizagem, fóruns e chats realizados durante a capacitação foram gravados no banco de dados do COMTEXT® e posteriormente analisados, assim como os *logs* de utilização do ambiente, o que permitiu acompanhar passo a passo o desenrolar das atividades.

Além desses dados qualitativos, também foi aplicado um questionário de avaliação da experiência após o seu encerramento. O questionário continha 25 perguntas relacionadas à experiência de utilização do COMTEXT® e do dispositivo móvel, e também uma avaliação individual sobre quanto a experiência de *m-learning* havia colaborado para o desenvolvimento das competências almejadas em cada uma das atividades de capacitação.

Os dois casos de *m-learning* são descritos em detalhes na sequência, apresentando-se, em seguida, os resultados de avaliação dessas duas experiências.

Estudo de caso 1: *workshop* com profissionais da área de TI

O objetivo do *workshop* foi o de promover a compreensão e discussão do novo paradigma da ubiquidade e suas possíveis aplicações para a universidade. Também procurou contribuir para o desenvolvimento das competências de trabalho em equipe, e também com visão sistêmica, comunicação, criatividade, criação e gestão de projetos. Todas essas são competências organizacionais desdobradas em nível individual, de acordo com a gestão por competências da universidade.

O *workshop* teve duração total de 15 horas, distribuídas em duas semanas (dez dias úteis), sendo dois encontros presenciais físicos, com duração de 1 hora e 30 minutos cada (um encontro de abertura e outro de fechamento), e os demais (12 horas) de interação virtual por meio das diversas ferramentas disponíveis no COMTEXT®.

O *workshop* se desenvolveu da seguinte forma: inicialmente, os participantes receberam, via COMTEXT® acessado pelos iPAQs® (veja Figura 4.5), um conjunto de materiais de apoio à aprendizagem, incluindo slides (com fontes grandes e muitas figuras) e vídeos. Também foi utilizado um estudo de caso e um desafio para criação de um mapa conceitual. Com exceção de três encontros, todos os dias ocorreram chats ao final da tarde. Além disso, foram criados fóruns para discutir e aprofundar os assuntos do dia e solucionar dúvidas pendentes dos chats.

Figura 4.5 A tela do ambiente COMTEXT® acessado via os Pocket PCs HP iPAQ®

Também como atividade prática para o desenvolvimento das competências visadas pelo curso foi proposta a elaboração de um projeto (hipotético) considerando possibilidades de aplicação de TIMS nos processos de negócio da universidade.

Assim, as atividades do *workshop* foram variadas, de forma a testar a utilização de todas as ferramentas do ambiente virtual e verificar quais delas seriam mais efetivas. No primeiro encontro presencial físico, com duração de 1 hora e 30 minutos, apresentou-se a proposta do *workshop* aos participantes, sua metodologia, bem como os equipamentos móveis e uma visão geral do COMTEXT®. Cada participante recebeu um Pocket PC para acessar o ambiente e passou a explorá-lo livremente, a fim de familiarizar-se.

Os participantes em geral demonstraram interesse e entusiasmo com a perspectiva de utilização da nova tecnologia e realização do *workshop*. Desde o início dos trabalhos, estabeleceu-se uma dinâmica de interações e discussões intensas sobre o tema central, 'mobilidade e ubiquidade', especialmente porque os participantes estavam de fato tendo contato direto com a tecnologia móvel.

No entanto, durante o desenvolvimento das atividades, especialmente na realização dos chats, baseados em interação síncrona, as limitações e os desafios do *m-learning* tornaram-se mais nítidos aos participantes. Uma das principais limitações de ordem técnica foi a falta de cobertura de redes sem fio dentro do campus, ou a instabilidade das redes sem fio em geral. Da mesma forma, já no primeiro chat ficou evidente a limitação ergonômica imposta pelo aparelho móvel: a entrada de dados e a leitura eram dificultadas pela miniaturização do aparelho e seu teclado virtual. Os participantes reclamaram da lentidão de acesso ao chat, da dificuldade de ler os caracteres pequenos na tela e, principalmente, da dificuldade em acompanhar o ritmo das discussões, pois a inserção de texto no dispositivo móvel tomava tempo e atenção dos participantes.

Verificou-se que os chats proveram um espaço para discussões e interações ricas, porém marcadas pela rapidez e por textos curtos. Ou seja, era difícil expor uma linha de raciocínio ou uma explicação mais detalhada de algum ponto de vista via chat. Dadas as limitações ergonômicas do aparelho móvel, verificou-se que o uso do chat acabou ocorrendo mais por desktop do que pelo Pocket PC (o acesso ao COMTEXT® via desktop ou via outros dispositivos não havia sido bloqueado pela equipe de pesquisa). Isso pode ser comprovado pelos *logs* de acesso ao ambiente. No primeiro chat, 70 por cento dos acessos foram realizados pelo Pocket PC, ao passo que no terceiro chat foram apenas 20 por cento. Teve-se um total de 131 acessos ao chat pelos participantes ao longo de todo o *workshop*. Destes, 49 ocorreram pelo Pocket PC, 81 por desktop e 01 por um iPhone®. Algo interessante foi que os participantes que mantiveram o acesso ao chat via Pocket PC ficaram em 'desvantagem', pois não conseguiam inserir ou ler o conteúdo das discussões na mesma velocidade daqueles que acessavam o COMTEXT® via desktop.

Os participantes também indicaram falta de tempo para ler os materiais e preparar-se adequadamente para a discussão nos chats. Percebeu-se na experiência de *m-learning* dificuldades semelhantes a qualquer atividade a distância, com o agravante que a interface do aparelho móvel não é convidativa à leitura.

Já no fórum ocorreu um nível significativo de colaboração entre os participantes, inclusive com a contribuição de links e referências sobre tecnologias móveis que achavam interessantes. O fórum foi visto como uma ferramenta mais adequada por vários dos participantes, pela liberdade que proporcionava para a livre participação, sem horário fixo.

A primeira semana do *workshop* esteve mais orientada para o conteúdo proposto, incluindo a leitura de material didático, discussões no chat/fórum de caráter mais conceitual, embora sempre buscando exemplos e aplicações práticas. Para a segunda semana estava programada a criação e a discussão de projetos fictícios de uso das TIMS para os processos na universidade, atividade que objetivava mobilizar os participantes para aplicarem os conhecimentos adquiridos, e simultaneamente desenvolver suas competências de criação e de gestão de projetos.

O desenvolvimento dessa proposta foi mais lento do que o ritmo de interação verificada nos chats e nos fóruns. Os participantes inicialmente demoraram a estabelecer os grupos de trabalho e as ideias a serem desenvolvidas nos projetos, pois tudo era feito a distância, via chat ou e-mail. Embora as ideias propostas fossem bastante criativas, o processo de desenvolvimento dos projetos evoluiu em um ritmo consideravelmente mais lento, se comparado às discussões nos chats e fóruns.

Foram formados cinco grupos de trabalho (compostos por duplas ou trios), mas somente um desses grupos de fato conseguiu elaborar um projeto claro, desenvolvido e entregue dentro do cronograma.

Estudo de caso 2: oficina temática com profissionais do secretariado

Uma programação inicial da oficina foi enviada ao grupo de participantes, por e-mail, antes do início da atividade, para que pudessem realizar uma leitura e discussão prévia da proposta. No primeiro encontro da oficina, realizado face a face, foram esclarecidas as dúvidas, identificadas as necessidades de alterações e incorporadas sugestões fornecidas pelo grupo.

É importante ressaltar que, desde o envio inicial da proposta com o programa e o cronograma da oficina, como uma sugestão de caminho a percorrer, houve a preocupação em salientar o caráter flexível desta, a qual foi sendo revisada e reconstruída durante todo o desenvolvimento do processo, de acordo com a participação e aprendizagem do grupo, adaptando-se ao percurso e à realidade das práticas desenvolvidas, de modo que a sua construção se deu também de forma colaborativa.

As atividades da oficina temática perfizeram um total de 30 horas, distribuídas em três semanas, com dois encontros presenciais físicos (de cerca de 1 hora 30 minutos de duração cada), ocorrendo sempre às quintas e sextas-feiras. Os demais encontros virtuais utilizaram o ambiente COMTEXT® acessado por Pocket PCs.

A oficina se desenvolveu com a seguinte dinâmica:

- Apresentação da oficina, do dispositivo móvel e do ambiente COMTEXT®.
- Exploração/experimentação do dispositivo móvel e do ambiente COMTEXT®.
- Desencadeamento de projetos de aprendizagem em grupos.
- Estudo, discussão, vivência/compreensão dos conceitos de diálogo, colaboração, cooperação e sua importância no contexto do trabalho em equipe, articulados com o desenvolvimento dos projetos de aprendizagem.

- Apresentação e discussão dos projetos de aprendizagem no grande grupo e fechamento da atividade.

Como principais ferramentas de aprendizagem foram utilizadas: o diário de aprendizagem, o fórum, slides disponíveis no repositório de arquivos e também mapas conceituais. A ferramenta chat não foi empregada nas atividades em função da impossibilidade de todos os sujeitos estarem presentes diariamente em horário fixo de forma síncrona, dada a natureza de seu trabalho.

A atividade central da oficina foi a realização dos projetos de aprendizagem. A proposta foi a elaboração de um projeto de aprendizagem cujo tema emergisse de um consenso, conforme necessidades individuais e de grupo, e fizesse parte de seus contextos profissionais, culminando em uma posterior aplicação prática no dia a dia. Essa estratégia de capacitação visava ao desenvolvimento das competências focadas na oficina, especialmente a comunicação e o trabalho em equipe.

Para desenvolver o projeto de aprendizagem, os indivíduos deveriam encontrar parceiros (entre seus colegas) com interesses e curiosidades compartilhados sobre o problema a ser resolvido. Assim, os participantes fizeram primeiramente um levantamento de suas dúvidas temporárias e suas certezas provisórias em relação ao problema que gerou o projeto.

O desenvolvimento do projeto de aprendizagem ocorreu por meio de interações realizadas nos diferentes espaços disponibilizados no ambiente COMTEXT®, as quais foram objetos de acompanhamento e avaliação, a partir de formas e critérios de avaliação definidos coletivamente. Durante o desenvolvimento dos projetos, uma das ferramentas mais utilizadas foi o diário de aprendizagem, no qual os participantes registraram suas descobertas, dificuldades, aprendizagens e sentimentos com o propósito de receber acompanhamento e orientação do facilitador da oficina (que também podia monitorar o processo por meio dessa ferramenta).

A partir do sétimo dia da oficina passou-se a utilizar a ferramenta 'Mapas conceituais'. Como desafio, cada participante deveria criar um mapa conceitual utilizando para isso a ferramenta Pocket Mindmap® (versão demo) dentro do conceito inicial/temática 'trabalho em equipe'. Após criado, o mapa deveria ser enviado para o ambiente COMTEXT® por meio da ferramenta

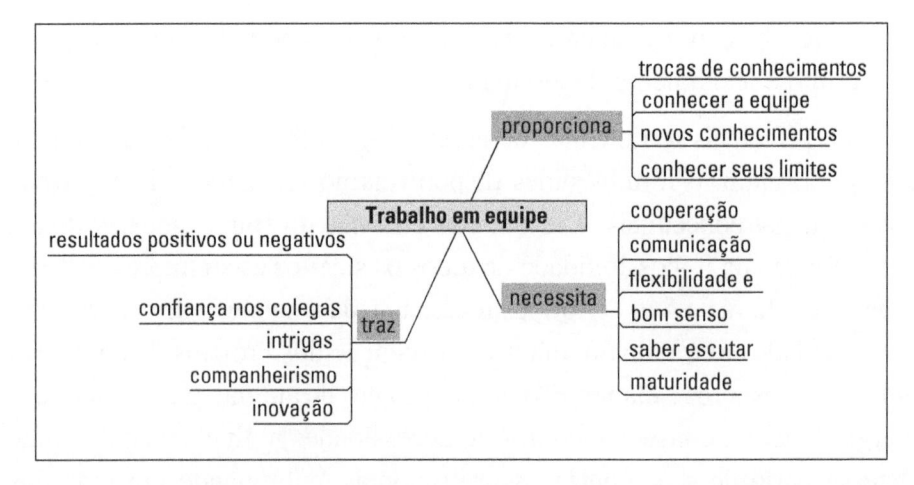

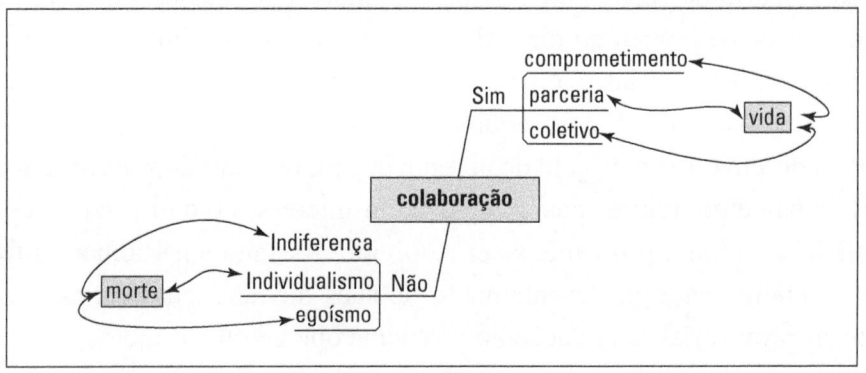

FIGURA 4.6 Mapas conceituais elaborados pelos participantes, usando o dispositivo móvel (visualização com tela na horizontal)

Arquivos. A Figura 4.6 mostra dois dos mapas conceituais elaborados pelos participantes.

Dada a sua natureza assíncrona, uma das ferramentas mais utilizadas para interação pelos participantes foi o fórum. Os participantes também utilizaram o Pocket PC para buscar na Web materiais que auxiliassem o desenvolvimento dos projetos, e tinham como tarefa disponibilizar os materiais encontrados no repositório de arquivos, de forma que pudessem ser acessados pelos outros participantes.

O curso também utilizou vídeos e slides com recursos gráficos. Contudo, em virtude da baixa velocidade da rede *wireless*, houve problemas em abrir vídeos em alguns Pocket PCs. Em função disso, foram providenciados cartões de memória para todos os dispositivos. Esses recursos passaram a estar disponíveis tanto no ambiente como no dispositivo (off-line), tal qual havia sido feito no caso 1.

Um dos aspectos mais marcantes da oficina foi o argumento 'falta de tempo', manifestado pelos participantes, para se dedicarem ao desenvolvimento das atividades em função de suas demandas profissionais cotidianas. Esse fator foi apontado como possível limitador nas atividades de *m-learning* propostas. A dinâmica do dia a dia de trabalho e as multitarefas realizadas pelos profissionais de secretariado (que incluíam atendimento a público externo) interferiam no aproveitamento de possíveis intervalos para realizar as atividades de aprendizagem, pois as demandas eram tão intensas que não sobravam 'tempos mortos' que pudessem ser utilizados para aprendizagem.

Ao longo de todo o processo, o facilitador da oficina estimulou e acompanhou de perto os participantes, tendo, inclusive, disponibilizado horários para explicar pessoalmente o funcionamento da ferramenta 'Mapas conceituais' a dois aprendizes. Esse apoio foi considerado muito importante pelos participantes, o que evidencia a relevância do suporte efetivo e atuante de um facilitador no processo de *m-learning,* dada a natureza inovadora dessa modalidade de ensino e de aprendizagem e as dificuldades de tempo para se dedicar a atividades a distância, como evidenciado no caso.

No último encontro da oficina, houve a apresentação dos projetos de aprendizagem desenvolvidos nos grupos de trabalho. Foi também solicitado o preenchimento da autoavaliação, disponível no módulo 'Avaliação' do COMTEXT®.

Os sujeitos ainda responderam a uma avaliação sobre a experiência de *m-learning* e o ambiente COMTEXT®, utilizando o mesmo questionário aplicado no *workshop* com os profissionais da área de TI. Também foi solicitado que preenchessem o diário com as impressões relacionadas ao fechamento da oficina.

Durante a apresentação dos resultados dos projetos de aprendizagem desenvolvidos pelos grupos, foi marcante a demonstração de envolvimento e mobilização dos sujeitos. Todos afirmaram com convicção que o curso havia contribuído para repensarem a questão do trabalho em equipe e colaboração no seu ambiente de trabalho, vinculando o que havia sido trabalhado ao longo da oficina com a sua realidade organizacional.

Avaliação da experiência de *m-learning* (casos 1 e 2)

A avaliação das experiências de *m-learning* em ambos os casos revelou que os participantes, em geral, concordaram que uma solução como o ambiente COMTEXT® acessado por Pocket PC é uma ferramenta válida para capacitações corporativas e participariam de outras experiências semelhantes de *m-learning*.

Contudo, os participantes também apontaram que, de acordo com sua percepção, o *m-learning* não é mais eficiente que as formas 'mais tradicionais' de capacitação, tanto de forma presencial física quanto pela modalidade de EAD 'fixa' via desktop. Ao mesmo tempo em que os participantes avaliaram a ferramenta de *m-learning* como amigável e fácil de usar, ponderaram que ela não substitui o contato face a face para a aprendizagem e deve também ser adequada ao tipo de capacitação visado.

Quando se solicitou aos respondentes que classificassem as ferramentas oferecidas pelo COMTEXT® em termos de sua efetividade para a aprendizagem, verificou-se que sua classificação foi influenciada pela metodologia utilizada em cada uma das capacitações, que acabou privilegiando o uso de determinadas ferramentas em detrimento de outras.

No caso 1 (profissionais de TI), as ferramentas usadas com mais intensidade foram o fórum, os arquivos e o diário de aprendizagem, justamente aquelas avaliadas como tendo o mais alto grau de importância. No caso 2, (secretárias) foram apontadas como ferramentas mais úteis o fórum, os arquivos e o diário de aprendizagem (também as ferramentas mais utilizadas durante a capacitação).

Quanto ao desenvolvimento das competências visadas em ambas as atividades de capacitação, os participantes em geral concordaram que as experiências de *m-learning* contribuíram para o seu desenvolvimento. Apesar disso, dado o curto período de duração dessas atividades, não foram realizadas avaliações conclusivas sobre o desenvolvimento das competências nos grupos.

O sistema LOCAL® para *u-learning*

Conforme discutido no Capítulo 1, nos últimos anos o uso conjunto de informações de contexto e perfis de usuários vem permitindo o desenvolvimento de aplicações sensíveis ao contexto.

Especificamente na educação, a sensibilidade ao contexto introduz novas oportunidades pedagógicas, permitindo aos sistemas um acompanhamento dos aprendizes de forma contextualizada e personalizada.

Nesse sentido, conforme Barbosa et al. (2008), o Laboratório de Pesquisa e Desenvolvimento em Computação Móvel (MobiLab)[3] da Unisinos criou o sistema LOCAL® (*LOcation and Context-Aware Learning*).

O LOCAL® usa informações de contexto e de perfis para auxiliar o processo de ensino e de aprendizagem. Um sistema de localização acompanha a mobilidade dos aprendizes e, baseado nas suas posições físicas, explora oportunidades educacionais.

A arquitetura do LOCAL® é formada por sete componentes (Figura 4.7):

1. Sistema de Localização, utilizado para determinar a posição física dos dispositivos móveis.
2. Sistema de Comunicação, que estabelece contato entre os diferentes subsistemas e com os aprendizes.
3. Perfis de Usuário, que armazenam informações específicas do aprendiz.
4. Repositório de Objetos de Aprendizagem, que armazena e indexa conteúdo relacionado ao processo pedagógico.
5. Sistema de Eventos, utilizado para agendar tarefas.
6. Assistente Pessoal (AP), que reside no dispositivo móvel do aprendiz.
7. Tutor, um motor de análise capaz de realizar inferências com base nos dados dos perfis e do Sistema de Localização.

---

[3] <http://www.inf.unisinos.br/~mobilab>.

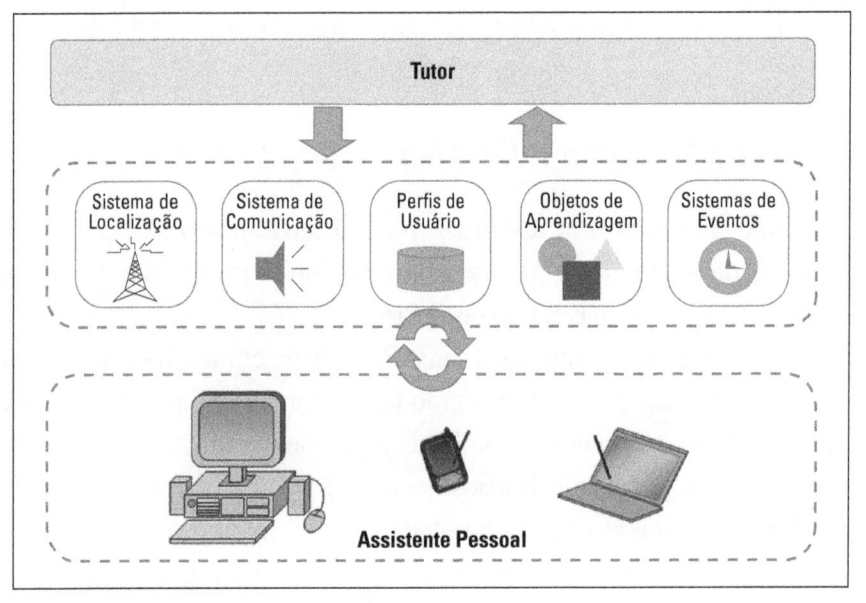

Figura 4.7 Arquitetura do sistema LOCAL®

As subseções seguintes descrevem cada um desses componentes.

Perfis de usuários

Nos últimos anos, a busca pela padronização de perfis de usuários em sistemas computacionais gerou padrões, tais como o PAPI (*Public and Private Information* — Informação Pública e Privada, 2010) e o LIP (*Learner Information Package* — Pacote de Informações do Aluno, 2010). No *u-learning*, os perfis permitem a exploração de oportunidades educacionais baseadas nas características do aprendiz e nas informações dos contextos por onde ele se desloca.

O LOCAL® usa o modelo PAPI. A escolha foi baseada em duas características do padrão:

- *Flexibilidade:* o PAPI pode ser estendido e todos os seus componentes são opcionais.
- *Modularidade:* os campos do perfil podem ser tratados de forma separada, permitindo que parte do perfil esteja sempre no Assistente Pessoal e outra parte, vinculada aos contextos visitados (perfil contextualizado).

A Figura 4.8 mostra a organização do sistema de perfis do LOCAL®. Existem *informações persistentes* (como Contato, Preferências e Interesses),

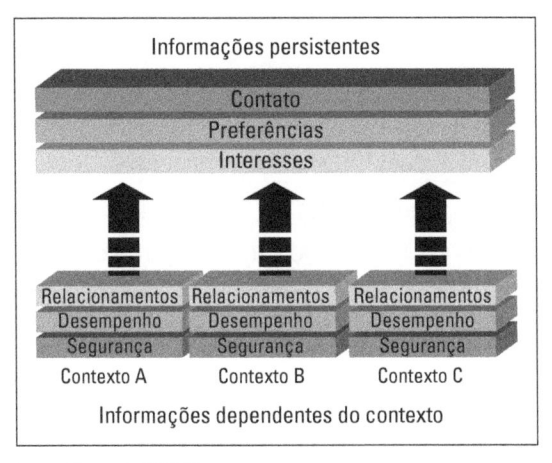

Figura 4.8 Sistema de perfis no LOCAL®

que sempre acompanham o aprendiz independentemente do contexto. Essas informações são armazenadas no Assistente Pessoal que acompanha o dispositivo móvel. Por outro lado, existem *informações contextuais* (Relacionamentos, Desempenho e Segurança), que estão ligadas aos contextos pelos quais o aprendiz se desloca. O LOCAL® gerencia ambos os tipos para exploração de oportunidades pedagógicas dos aprendizes.

- A seção Contato armazena informações básicas do usuário, tais como: nome, endereço, e-mail e telefone.
- A seção Preferências ajuda o sistema na personalização da experiência do usuário, armazenando preferências como tipo de mídia (por exemplo, vídeo, áudio ou texto) e outras não diretamente relacionadas ao suporte acadêmico.
- As informações sobre Interesses seguem áreas do conhecimento (ACM, 2010). Os interesses são definidos da seguinte forma: uma área de interesse geral (por exemplo, matemática) e uma área de interesse específica, dentro do escopo da área geral (por exemplo, teoria dos grupos. As áreas específicas são classificadas de acordo com a meta do aprendiz (por exemplo, aprender ou ensinar).
- A seção Relacionamentos armazena o relacionamento com outros possíveis usuários do mesmo contexto (por exemplo, estudante, professor, pesquisador ou coordenador).

- As informações de Desempenho relacionam-se às metas alcançadas e avaliações realizadas em um contexto. Essas informações são armazenadas na forma de uma árvore de competências, que representa o avanço do aprendiz em determinado processo de aprendizagem.
- A seção Segurança armazena as credenciais (nomes e senhas) que regulamentam níveis de acesso em contextos específicos.

Assistente Pessoal e Sistema de Localização

O Assistente Pessoal (AP) é o módulo que acompanha o aprendiz no seu dispositivo móvel.

O AP possui as seguintes funcionalidades:

- Suporte à autenticação do aprendiz, ou seja, seu ingresso no LOCAL®.
- Suporte ao Sistema de Localização, permitindo seu desligamento se for de interesse do aprendiz.
- Suporte ao recebimento de avisos oriundos do sistema de mensagens.

O Sistema de Localização baseia-se em uma arquitetura genérica que suporta diferentes técnicas para determinar a localização física de um aprendiz. O sistema vincula informações a nomes simbólicos (contextos), permitindo o mapeamento em tempo real do deslocamento de um dispositivo móvel. O aprendiz autoriza sua localização através do AP e, desde então, o LOCAL® registra todas as suas mudanças de contexto, inclusive com o horário de entrada e saída. Tendo como base essas informações, cria-se um *tracking*[4] do aprendiz. As informações de perfil aliadas às informações dos contextos são usadas no processo de ensino e de aprendizagem.

Sistema de Objetos de Aprendizagem

No LOCAL® os Objetos de Aprendizagem são disponibilizados para os aprendizes de acordo com as oportunidades pedagógicas que surgem em seu deslocamento pelos contextos (veja Figura 4.9).

---

[4] Histórico do deslocamento do usuário pelos contextos gerenciados pelo ambiente ubíquo.

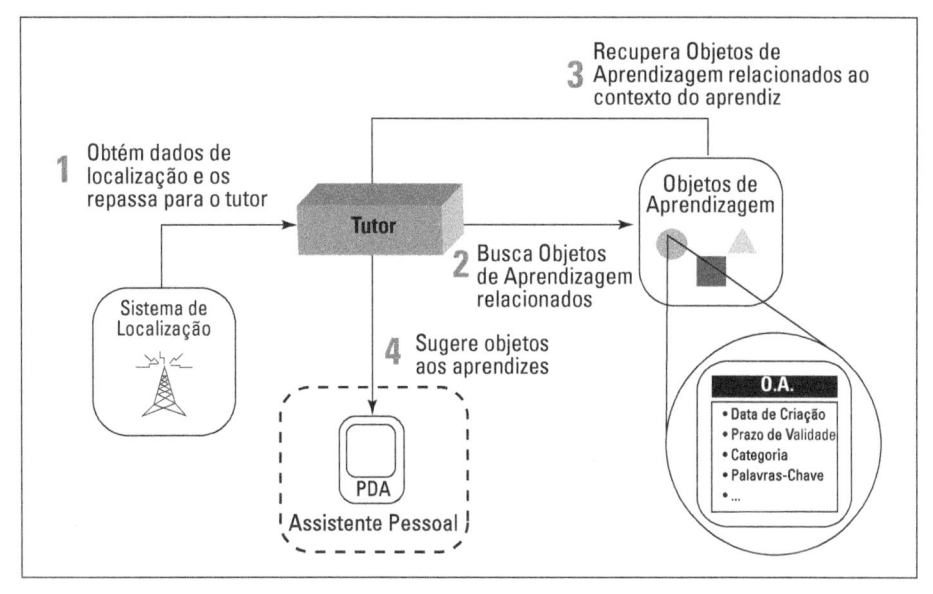

FIGURA 4.9 Gerenciamento de Objetos de Aprendizagem

O Sistema de Localização informa a localização do aprendiz (contexto) para o Tutor (passo 1). O tutor usa essa informação, aliada ao perfil do aprendiz, para determinar os objetos relevantes no contexto (passo 2). Os objetos são encaminhados para o aprendiz (passos 3 e 4). Este processo pode ser induzido por dois eventos: a mudança de contexto do aprendiz ou a inserção de novo material no repositório de objetos (nesse caso, apenas os últimos dois passos são executados).

A especificação dos metadados dos objetos de aprendizagem no LOCAL® segue a norma IEEE/LTSC/LOM (IEEE/LTSC/LOM, 2010).

Sistema de Comunicação e Eventos

O Sistema de Comunicação estabelece contato com os aprendizes, notificando-os quanto a novas oportunidades pedagógicas. O sistema pode ser controlado automaticamente ou por um operador, por meio de uma interface administrativa. Os aprendizes são contatados por meio de notificações textuais, que são enviadas de acordo com perfis, Objetos de Aprendizagem e dados de localização e de eventos.

Os seguintes serviços são suportados: (1) envio de mensagens para um usuário específico, onde quer que ele esteja; (2) envio de mensagens para um contexto específico (todos os que estiverem presentes no contexto recebem a notificação); (3) envio de mensagens para um aprendiz, mas somente se este estiver em determinado contexto.

As mensagens também possuem as seguintes propriedades: (1) data e hora de envio; e (2) data de expiração, determinando um intervalo de tempo dentro do qual a mensagem é válida.

A Figura 4.10 mostra um exemplo de utilização do Sistema de Comunicação em que o Tutor contata os aprendizes, baseando-se nos dados de localização e dos perfis de usuário. Essa funcionalidade pode ser usada para oferecer novas oportunidades pedagógicas aos aprendizes.

O Sistema de Comunicação também suporta a criação de eventos. Um evento é caracterizado por uma série de propriedades, incluindo palavras-chave, data inicial e local. Eventos podem ser definidos para datas futuras, em um formato genérico (*yy-mm-dd hh:mm:ss*) e possuem duração arbitrária. Quando notificações textuais são associadas a eventos, o Tutor busca correspondências e encaminha as mensagens na hora apropriada, uma vez que o usuário esteja no contexto.

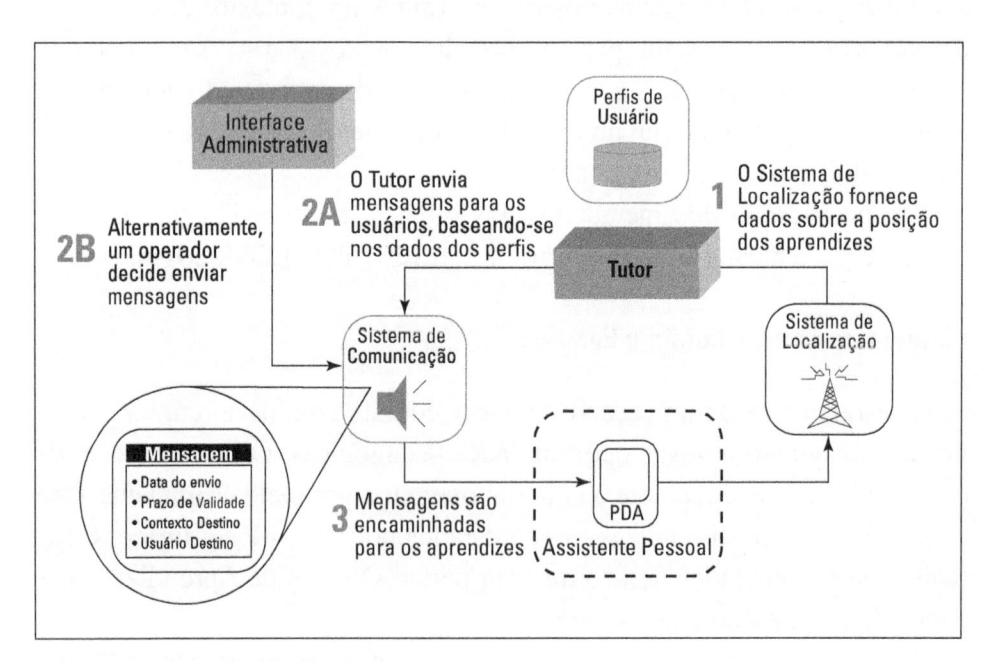

Figura 4.10 Sistema de Comunicação

Tutor

O recurso Tutor usa os perfis e as informações de localização para inferência de oportunidades de ensino e de aprendizagem. Existem dois tipos de atuação: (1) envio de objetos de aprendizagem, descrita anteriormente; e (2) estímulo à interação entre aprendizes, apresentada a seguir.

Uma oportunidade pedagógica que surge em sistemas baseados em localização e contextos é o estímulo à interação. As informações disponíveis nos perfis podem ser usadas para criação de vínculos entre os aprendizes.

No LOCAL®, existem duas formas de interação:

- **Interesses similares:** o Tutor encontra aprendizes com interesses similares no mesmo contexto e estimula sua interação. Essa abordagem pode ser usada para auxiliar, por exemplo, a criação de grupos de trabalho em uma sala de aula ou contexto;
- **Interesses complementares:** o Tutor encontra aprendizes que possuem interesses complementares. Por exemplo, um usuário que deseja aprender um tema é colocado em contato com outro que gostaria de ensiná-lo. Assim, o Tutor pode apoiar a criação de duplas de estudo em uma sala de aula ou em um contexto.

A Figura 4.11 exemplifica a atuação do Tutor estimulando a interação entre aprendizes por meio de similaridade. O Tutor descobre quem está em um contexto (passo 1), detecta um interesse em comum entre os aprendizes (passo 2) e envia mensagens para ambos, estimulando a interação (passo 3).

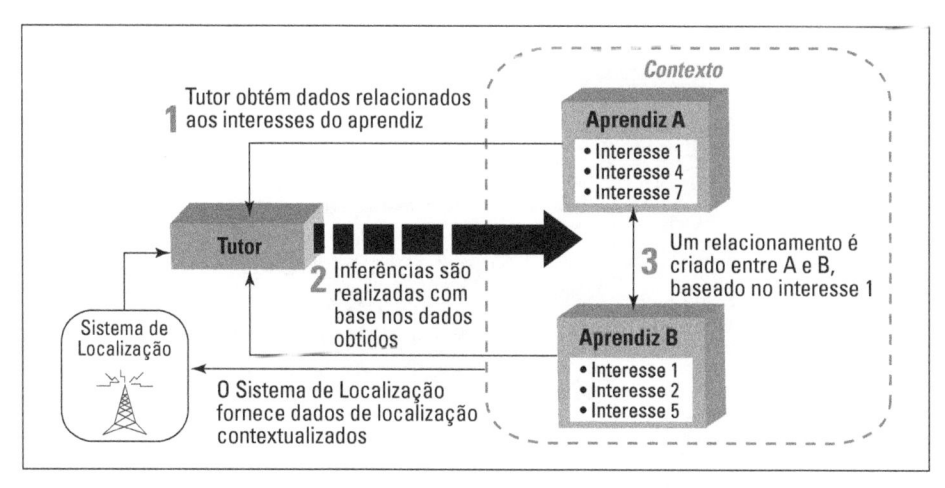

Figura 4.11 Funcionamento do Tutor

Aplicação do LOCAL®

Um protótipo do LOCAL® foi criado para suportar um cenário de testes. Esse cenário englobou nove salas em um prédio onde se localizava uma rede sem fio com quatro pontos de acesso (veja Figura 4.12).

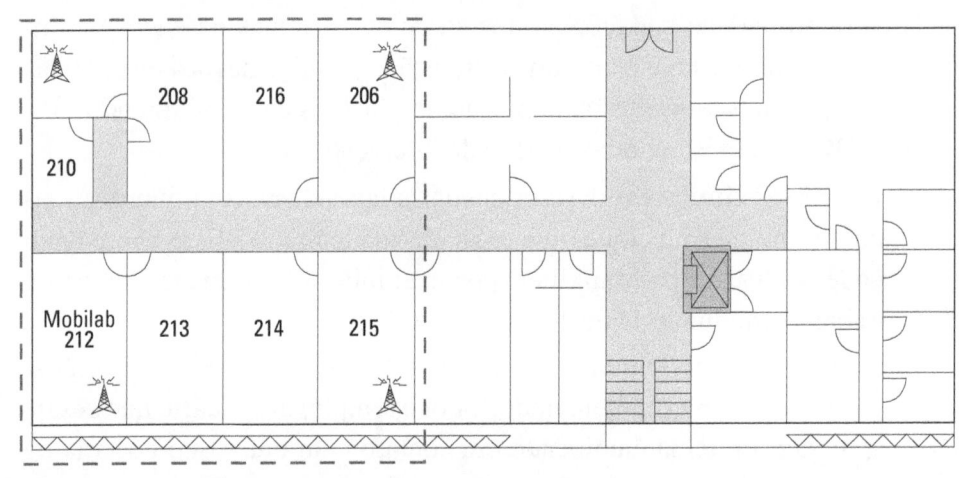

Figura 4.12 Cenário de aplicação do protótipo do LOCAL®

O sistema de localização possui duas partes: (1) um *webservice* criado em linguagem C#, que fornece dados genéricos sobre a localização dos aprendizes; e (2) um banco de dados que armazena informações contextuais.

A Figura 4.13 mostra a arquitetura do Sistema de Localização (Rolim et al., 2008). Cinco serviços suportam o gerenciamento de informações de

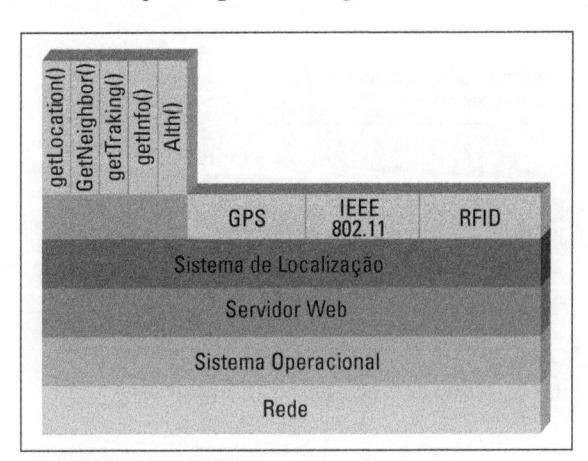

Figura 4.13 Arquitetura do Sistema de Localização

localização. Além disso, o sistema foi projetado para suporte a diferentes tipos de estratégias de localização. Nesse caso específico de aplicação, apenas a triangulação por meio de antenas *wireless* (IEEE 802.11) foi utilizada.

O Assistente Pessoal (AP) foi desenvolvido em C#, usando o .NET Compact Framework. Foram feitas versões do assistente para Pocket PCs iPAQs® hx4700 e *tablet* PCs tc1100®, da HP.

A Figura 4.14 mostra a interface do AP em um iPAQ®. O AP lê a informação sobre a potência dos pontos de acesso sem fio e encaminha essas informações para o sistema de localização. Esse sistema utiliza essas informações para determinar a localização do dispositivo móvel.

O Sistema de Perfis foi implementado utilizando o banco de dados MySQL. Os usuários preenchem suas informações de contato utilizando uma ferramenta on-line feita em PHP. Essa ferramenta pode ser acessada tanto em desktops quanto nos próprios dispositivos móveis. O Tutor e o sistema de mensagens também foram implementados como *webservices* em C#.

A primeira avaliação do protótipo foi realizada através de um debate simulado, envolvendo dez aprendizes do curso de graduação em Engenharia da Computação da Universidade do Vale do Rio dos Sinos (Unisinos — Rio Grande do Sul) utilizando iPAQs® hx4700. O debate estendeu-se por 3 horas e meia (das 7h30 às

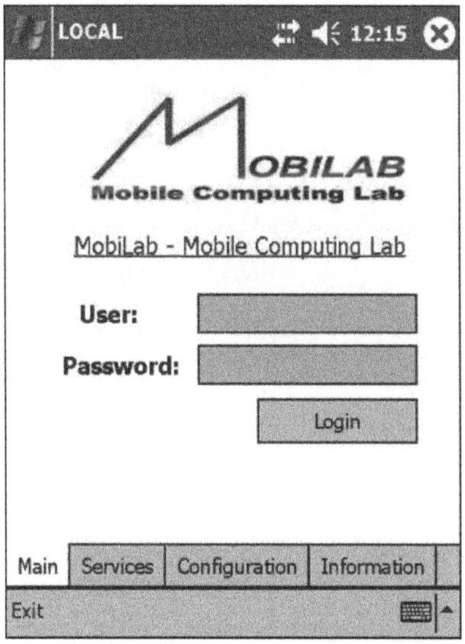

Figura 4.14 Interface do Assistente Pessoal

10h00), e o assunto debatido foi 'Paradigmas de Linguagens de Programação'. Os perfis dos aprendizes já estavam previamente registrados no sistema. Os resultados foram organizados em cinco períodos, conforme mostra o Quadro 4.1.

Quadro 4.1 Debate simulado com o apoio do LOCAL®

Período	Início	Término	Ator	Ação
1	-	07h00	Professor	Insere um agendamento a ser enviado entre 7h30 e 10h00, para todos os usuários presentes na sala 216.
2	07h30	08h00	Aprendizes	Sete usuários entram na sala (autenticação).
2	07h30	08h00	Sistema	O Sistema de Localização começa a monitorar a posição dos sete usuários.
2	07h30	08h00	Sistema	O Sistema de Comunicação envia as mensagens previamente agendadas para todos os usuários presentes na sala 216.
3	08h00	08h10	Professor	Solicita a criação de grupos para o debate.
3	08h10	08h10	Sistema	O Sistema de Comunicação envia as mensagens, criando grupos: A (quatro alunos, Java), B (dois alunos, C#) e C (um aluno, C++).
3	08h10	08h30	Aprendizes	O debate é iniciado.
3	08h30	08h30	Aprendizes	Dois alunos entram na sala e são prontamente autenticados no sistema.
3	08h30	08h30	Sistema	O Sistema de Localização começa a monitorar a posição dos dois últimos alunos. O Sistema de Comunicação envia a mensagem previamente agendada para estes dois alunos, informando-os dos grupos nos quais devem participar.
3	08h30	09h00	Aprendizes	O debate é encerrado.
4	09h00	09h10	Aprendiz	Mais um aluno chega à sala e é autenticado no sistema.
4	09h10	09h10	Sistema	O Sistema de Localização começa a monitorar a posição do último aluno a chegar à sala do debate. O Sistema de Comunicação envia a mensagem previamente agendada para este aluno.
4	09h10	10h00	Professor e Aprendizes	Os participantes trocam ideias sobre o debate.
5	10h00	-	Sistema	As informações de localização dos participantes são avaliadas e as presenças são computadas.

O primeiro período ocorre antes da aula. O professor, usando a interface administrativa (veja Figura 4.10), agenda uma mensagem indicando o tema de um debate que ocorrerá no encontro e endereços na Web contendo material relacionado com o tema. O registro durará por todo o período da aula.

A mensagem somente é enviada para o contexto onde ocorrerá o debate (sala 216, veja Figura 4.12). O segundo período corresponde ao início da aula. Chegam sete alunos. O sistema os autentica e inicia o armazenamento de dados de localização para cada um deles. Os alunos recebem a mensagem previamente cadastrada, contendo o tema do encontro e o material a ser utilizado no debate.

No terceiro período, o professor solicita ao Tutor a criação de grupos para o debate. Os grupos são organizados de acordo com a similaridade nos interesses dos alunos por linguagens de programação. Nesse caso, foram formados três grupos: um deles (grupo A) formado por quatro alunos interessados em Java; o segundo (grupo B) formado por dois alunos com interesse em C#; e o terceiro (grupo C) com apenas um aluno interessado em C++.

Inicia-se o debate onde cada grupo apresenta as características (vantagens e desvantagens) de cada linguagem. Chegam, ainda, dois alunos atrasados, que são autenticados pelo sistema. Ambos recebem a mensagem sobre o debate e são informados a respeito dos grupos aos quais devem engajar-se: um deles é encaminhado para o grupo A e o outro, para o grupo C.

No quarto período chega mais um aluno atrasado. Ele é autenticado e recebe as informações sobre o debate. No entanto, a atividade pedagógica já foi encerrada e o aluno não é encaminhado a nenhum grupo.

O quinto período ocorre após o término da aula. O sistema automaticamente avalia as presenças dos usuários. Essa avaliação é baseada nas informações de localização. Um aluno é considerado presente se esteve em sala de aula durante pelo menos 60 por cento do tempo. O aluno que chegou por último perdeu mais da metade da aula, e, portanto, sua presença não será considerada.

Os resultados mostram que o LOCAL® pode ser utilizado para: (1) criar grupos de estudantes por meio dos dados de localização e dos perfis; (2) distribuir material baseado nos perfis e no tema da aula; e (3) controlar automaticamente as presenças dos estudantes em sala de aula, baseando-se nos dados de localização física.

Avaliação da experiência de utilização do LOCAL®

O teste simulado obteve sucesso, mas não foi suficiente para avaliar a usabilidade do LOCAL®. Sendo assim, foi conduzido um experimento nesse sentido envolvendo voluntários que, após a utilização do sistema, responderam a um questionário.

A amostra consistiu em vinte sujeitos, entre aprendizes e professores. O experimento foi realizado em cinco momentos distintos; em cada um deles, um grupo de quatro sujeitos interagiu com o sistema.

Os seguintes passos foram realizados:

1. Cada sujeito recebeu um dispositivo móvel (iPAQ®), com o qual acessou o sistema.
2. Os sujeitos receberam sugestões para participação em *workshops* (baseadas no perfil do usuário).
3. Os participantes foram notificados quanto à disponibilidade de outros usuários para diálogo.
4. O LOCAL® procurou por correspondências entre os perfis dos participantes, sugerindo recursos de aprendizagem relacionados aos seus interesses.
5. Os participantes foram instruídos a se dirigir para as salas onde ocorriam os *workshops*. O LOCAL® disponibilizou para cada usuário o programa do evento escolhido.

Após esses passos, os sujeitos foram instruídos a responder um questionário, com perguntas relacionadas à sua experiência na utilização do LOCAL®. As respostas deviam ser dadas em uma escala que variava de 1 (muito fraco) até 5 (excelente). Os sujeitos poderiam escolher também a opção zero, para informar que não tinham nenhuma opinião particular a respeito de um determinado recurso. A relação das questões apresentadas aos sujeitos está registrada no Quadro 4.2.

Várias considerações podem ser feitas a partir da análise das respostas de cada questão. Nesse sentido, foram criados gráficos representativos das questões consideradas como as mais importantes.

Quadro 4.2 Relação de questões

Nº	Pergunta: 'Qual é a sua opinião sobre...'
1	...a interface do sistema adaptada ao dispositivo móvel?
2	...as notificações sobre a disponibilidade de professores?
3	...as notificações de eventos, baseadas em dados de localização e nos perfis de usuário?
4	...a notificação sobre a disponibilidade de recursos físicos?
5	...as informações sobre usuários com interesses semelhantes, na mesma localização que você?
6	...a apresentação de conteúdo relacionado a eventos no local em que você está?
7	...a utilidade deste sistema para o ensino de linguagens de programação?
8	...o uso do sistema para determinar sua posição física?
9	...o estímulo à interação entre usuários no mesmo local?
10	...a possibilidade de utilização desse sistema em atividades diárias?
11	...a possibilidade de utilização desse sistema em sala de aula?
12	...a utilização dos dados do seu perfil na personalização do seu processo de aprendizagem?

Os aspectos de adaptação do conteúdo aos dispositivos móveis foram analisados na questão 1 (Figura 4.15). Ainda que o teste tenha sido realizado com uma amostra homogênea de dispositivos (no caso, iPAQs®), as opiniões dos usuários mostram o potencial do LOCAL® para exploração da adaptabilidade.

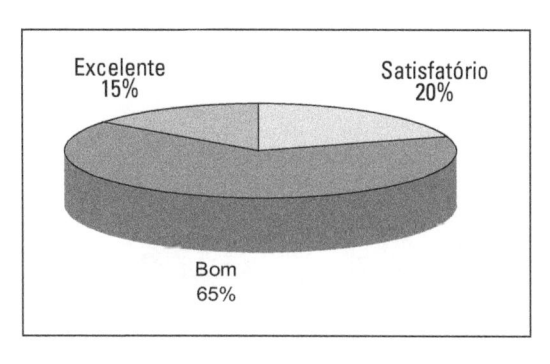

Figura 4.15 Adaptabilidade (questão 1)

As questões 2 a 8 avaliaram os aspectos relacionados à sensibilidade ao contexto, com enfoque especial na apresentação adequada do conteúdo relacionado a eventos pedagógicos e no acompanhamento do deslocamento dos aprendizes.

Os resultados apresentados na Figura 4.16 indicam uma boa aceitação por parte dos sujeitos em relação às informações de cunho contextual.

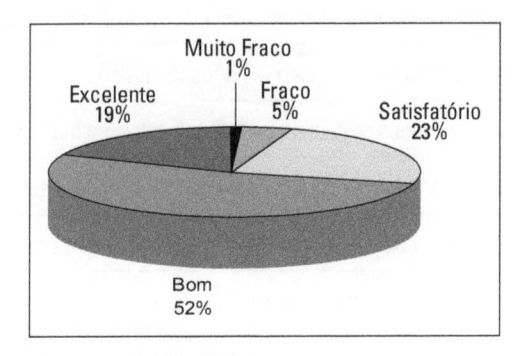

Figura 4.16 Dados contextuais (questões 2 a 8)

O uso diário do sistema como uma ferramenta de aprendizagem em sala de aula, bem como a interação entre os aprendizes e elementos contextuais, foram analisados nas questões 9 a 11. Essas questões estão fortemente relacionadas aos aspectos de usabilidade do sistema.

A Figura 4.17 resume as respostas. Mais de 50 por cento dos sujeitos consideraram o sistema bom ou excelente, ao passo que 36 por cento deles consideraram o sistema satisfatório. Tendo em vista que o teste foi realizado em um ambiente limitado e controlado, esses resultados são uma boa indicação da sua usabilidade.

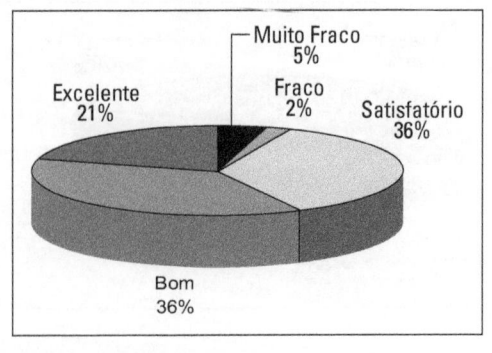

Figura 4.17 Uso cotidiano (questões 9 a 11)

Outro aspecto analisado diz respeito ao uso das informações de perfil para auxiliar o processo de aprendizagem. No protótipo, os perfis foram introduzidos pelo sujeito, permitindo ao Tutor a realização de inferências para relacionamento entre os aprendizes.

Dessa forma, percebe-se, por meio das respostas à questão 12 (Figura 4.18) que os sujeitos tiveram a percepção da importância do uso de informações de perfil no auxílio ao processo de aprendizado e na interação com outros sujeitos.

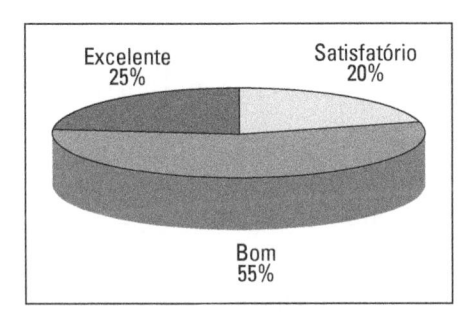

Figura 4.18 Uso dos dados do perfil (questões 12)

Caso Learningware: criando soluções para a capacitação de profissionais móveis

A Learningware[5] é uma empresa especializada em desenvolver soluções de educação a distância para empresas e instituições de ensino, com foco em soluções interativas para *e-learning* e *m-learning*.

Utilizando a ferramenta Mobile Moodle (MLE-Moodle), a empresa desenvolve cursos para dispositivos móveis (por exemplo, *smartphones*). O MLE-Moodle é um *plugin* para Moodle que adiciona funcionalidades na ferramenta para desenvolvimento de cursos voltados a *m-learning*. O ambiente pode ser acessado por meio do *mobile browser* ou por meio de uma aplicação especial instalada no dispositivo móvel. Essa aplicação possui versões para a grande maioria dos sistemas operacionais e/ou fabricantes de tecnologias móveis.

---

[5] <http://www.learningware.com.br>.

Utilizando essa tecnologia, a Learningware desenvolveu, em parceria com uma consultoria especializada em gestão, o curso 'Consultor de Negócios'. Esse curso tem o objetivo de capacitar profissionais na área de vendas para liderar processos de negociação com uma visão empreendedora, por meio do conhecimento técnico aplicado à prática.

A empresa decidiu investir nessa temática em função da característica do público-alvo. Em geral, os profissionais que trabalham em força de vendas possuem um perfil móvel, deslocando-se por vários lugares para atingir e atender os clientes (por exemplo, representantes comerciais). Da mesma forma, os profissionais de vendas na área do varejo possuem horários de trabalho extensos, com ociosidade em alguns períodos, podendo, então, por meio do seu dispositivo móvel, acessar o curso.

O curso foi desenvolvido usando ferramentas de interação e troca (como fórum, chat etc.), promovendo também a cooperação e a colaboração entre os integrantes.

A Figura 4.19 apresenta algumas telas que exemplificam o curso usando o MLE-Moodle.

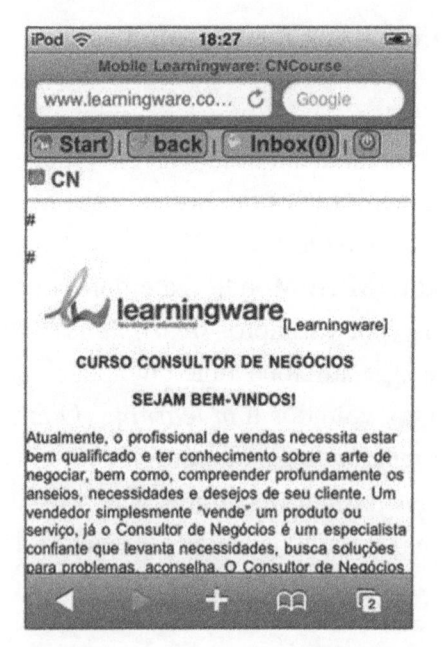

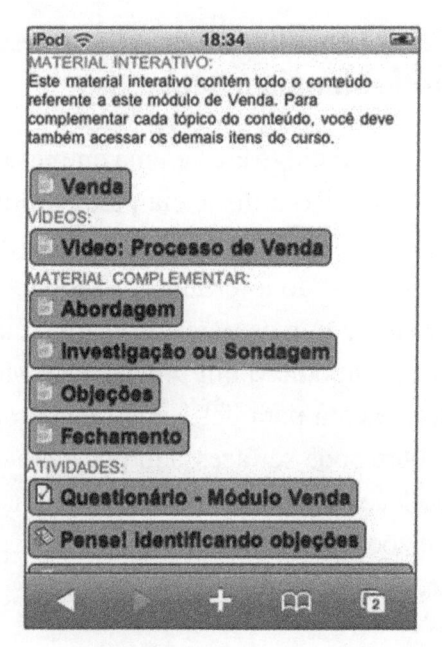

Figura 4.19 Exemplo de curso desenvolvido por meio do MLE-Moodle

Como estratégia para alcançar diversos perfis de clientes interessados pela formação de profissionais na área de vendas, bem como desenvolver *cases* de soluções da Learningware, o tema 'Consultor de Negócios' foi desenvolvido para acesso livre por diversas plataformas, sem utilizar o MLE-Mobile.

Nesse caso, o usuário acessa o conteúdo por meio de uma URL em um *browser*, navegando no conteúdo e respondendo a um questionário (*quiz*) ao final. O conteúdo foi desenvolvido para plataforma iPod®/iPhone®, como exemplo de customização, e também para demais plataformas móveis, como exemplo de generalização.

Para isso, foram usadas tecnologias adequadas a cada um dos *cases*. Para o desenvolvimento do conteúdo para o iPhone®, empregou-se uma biblioteca de interface chamada iUi[6] que torna possível criar menus semelhantes à interface nativa do iPhone/iPod em uma aplicação Web.

Como limitação intrínseca do iPhone®/iPod®, não foram usados recursos em Flash. Para animações ou recursos de navegação avançada foram usados HTML, CSS, Javascript e também a biblioteca jQuery.[7] Para o desenvolvimento de conteúdo adaptado às demais plataformas foram usados recursos do HTML4, suportado por todas as plataformas móveis.

Os vídeos foram codificados em dois formatos:

- **MP4:** padrão do iPhone®/iPod Touch® e outros dispositivos móveis com maiores recursos computacionais.
- **3GP:** formato de vídeo para celular, compatível com a grande maioria dos aparelhos baseados na tecnologia Java e resoluções com menor poder computacional.

Os conteúdos possuem a opção de acessar os vídeos tanto em MP4 quanto em 3GP. Essa opção é importante, pois o usuário pode estar usando algum dispositivo que suporte os dois formatos, tendo a possibilidade de escolher se quer assistir ao vídeo em alta qualidade ou economizar banda. Esse é um exemplo claro no qual a sensibilidade ao contexto e o conhecimento do perfil do usuário poderiam deixar a tarefa implícita ao usuário. Isto é,

---

[6] <http://code.google.com/p/iui/>.
[7] <http://jquery.com>.

em função de conhecer o usuário e o contexto em que este se encontra, o próprio sistema pode decidir qual o melhor formato de vídeo a ser exibido.

A Figura 4.20 apresenta o conteúdo personalizado para iPhone®/iPod®.

Figura 4.20 Conteúdo personalizado para iPhone®/iPod®

A Figura 4.21 apresenta o curso desenvolvido para ser acessado pelas demais tecnologias móveis.

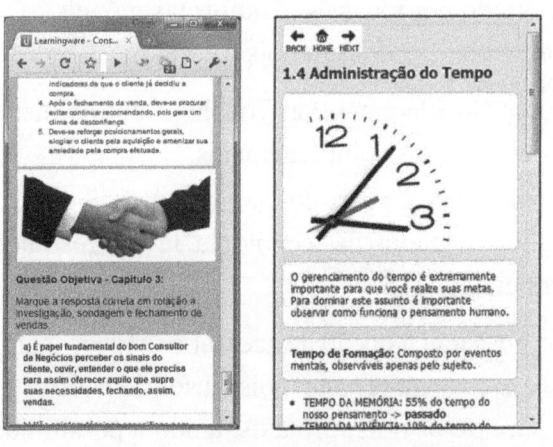

Figura 4.21 Curso desenvolvido para ser acessado pelas demais tecnologias móveis

A Learningware, em parceria com uma empresa especializada em desenvolvimento de jogos para plataformas móveis, a Ludens Artis,[8] também desenvolve

---

[8] <http://www.ludensartis.com.br>.

jogos empresariais para plataformas móveis. Atualmente, a empresa está desenvolvendo um jogo voltado para capacitar o profissional de vendas em estratégias para tratar objeções no processo de venda. São características do jogo:

- É multiplayer, ou seja, permite que até quatro participantes joguem simultaneamente.
- Pode-se jogar utilizando uma rede Bluetooth/3G/Wi-Fi.
- Deve-se aplicar as dez estratégias de objeção em vendas.
- Está baseado em situações-problema.
- Gera relatórios com as atividades (*logs*) dos vendedores: quantas vezes joga, quanto tempo, quantos pontos, estratégias que mais usa, menos usa etc.
- Pode ser personalizável (compradores, itens vendidos, cores etc.).
- Atua nas seguintes plataformas: iPhone®/iPod®/iPad®, Android®, Symbian®.
- Pode ser personalizado (interface, textos, personagens) conforme a identidade visual da empresa.

A Figura 4.22 apresenta algumas telas do jogo.

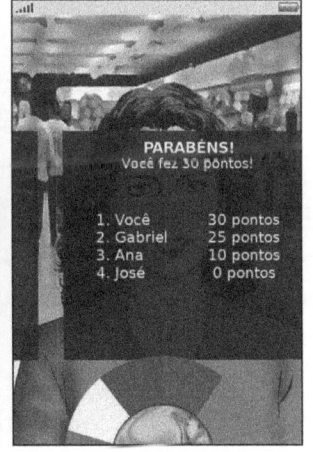

FIGURA 4.22 Telas do jogo móvel para tratar objeções em vendas

Como se pode observar nas figuras, essas soluções para *m-learning* possuem uma interface amigável, com informações enxutas e precisas, buscando privilegiar o uso de esquemas e figuras que facilitem a navegação dos aprendizes nos ambientes de *m-learning*. O uso de jogos também visa a estimular a motivação dos profissionais para se engajar nas atividades de capacitação, de forma lúdica.

Esses são aspectos importantes do *m-learning* corporativo, pois muitas vezes o aprendiz, por estar em movimento, precisa realizar uma atividade que não ocupe sua atenção além do necessário. A aprendizagem precisa ser agradável, prazerosa e estar incorporada às suas atividades de trabalho diárias que, no atual mundo dos negócios, tendem a ser complexas e demandar agilidade.

Conclusões

Os casos e exemplos apresentados neste capítulo geram diversos *insights* sobre as possibilidades e os desafios do *m-learning* e do *u-learning* na prática.

Verificou-se que, em geral, os aprendizes demonstram interesse e até mesmo entusiasmo pelo apelo de inovação característico do *m-learning* e do *u-learning*, especialmente pelo fato de poderem conectar-se a recursos para a aprendizagem em diferentes locais. Os usuários envolvidos nos casos em geral também avaliaram os sistemas utilizados de forma positiva quanto à sua usabilidade e utilidade.

Entretanto, o entusiasmo em alguns momentos pode transformar-se em frustração diante das limitações das tecnologias móveis e sem fio, especialmente a dificuldade de acesso a redes sem fio ou instabilidade das redes, bem como as limitações ergonômicas dos aparelhos móveis, por exemplo, para inserção de texto.

Assim, deve-se buscar o desenvolvimento de metodologias e recursos específicos que considerem as reais possibilidades do *m-learning* e do *u-learning*. Por exemplo, para contrapor as limitações ergonômicas da tecnologia móvel, deve-se aplicar formas de interações mais naturais (voz, sons, vídeos). Porém, como os casos sugerem, deve-se tomar cuidado para saber o que será adequado em determinados ambientes onde os aprendizes estiverem realizando sua interação.

O caso de *m-learning* corporativo utilizando o COMTEXT® evidencia também uma restrição em relação à aprendizagem móvel, pois uma de suas premissas é justamente utilizar os chamados 'tempos mortos' ou, ainda, tempos livres. Como discutido no Capítulo 1, o que se observa é que os ditos 'tempos mortos' estão cada vez mais escassos em virtude principalmente das características do mundo do trabalho e da vida moderna.

Os aprendizes necessitam de tempo e de apoio (mediação pedagógica) para dar conta das atividades de aprendizagem e do desenvolvimento de competências ao mesmo tempo em que necessitam atender a um ritmo intenso de trabalho. Deve-se observar a questão da sobrecarga, uma vez que os aprendizes têm de administrar suas demandas de trabalho com as demandas de aprendizagem, o que não é simples de ser equacionado. A questão da multitarefa poderá ser desfavorável a uma aprendizagem efetiva.

A mediação (seja por um professor, facilitador ou *coach*, seja por determinados mecanismos de sistemas ou metodológicos) no processo de *m-learning* e *u-learning* merece atenção, assim como a possibilidade de combinar modalidades. Alguns encontros face a face, recursos de *e-learning* combinados aos de *m-learning* e *u-learning* podem ser fundamentais dependendo das necessidades de educação, capacitação ou treinamento.

Referências

ACM. ACM Computing Classification System. Disponível em: <http://www.acm.org/class/1998>. Acesso em: 19 de set. 2010.

ALMEIDA, M. Informática e formação de professores. Brasília: MEC, 2000.

ANATEL. Brasil tem oito celulares para cada dez habitantes. Disponível em: http://www.anatel.gov.br/Portal/exibirPortalNoticias.do?acao=carregaNoticia&codigo=18039. Acesso em: 19 de set. 2010.

ARDITO, C.; BUONO, P.; COSTABILE, M. F.; LANZILOTTI, R.; PEDERSON, T.; PICCINNO, A. Experiencing the past through the senses: an m-learning game at archaeological parks. IEEE Multimedia, 15 (4), 2008, p.16-88.

BACHFISCHER, A.; LAWRENCE, E.; LITCHFIELD, A.; DYSON, L. E.; RABAN, R. Student perspectives about using mobile devices in their studies. Proceedings of Iadis International Conference on Mobile Learning. Algarve, Portugal, 2008. Anais em CDROM.

BACKES, L. A configuração do espaço de convivência digital virtual: A cultura emergente no processo de formação do educador. Projeto de Tese de doutorado. Programa de Pós-Graduação em Educação. São Leopoldo: Unisinos, 2009.

BARBOSA, D. N. F.; BARBOSA, J. L. V.; YAMIN, A. C.; AUGUSTIN, I.; SILVA, L. C.; GEYER, C. F. R. Learning in a large-scale pervasive environment. 2nd IEEE International Workshop on Pervasive Learning (PerEl), IEEE Press, 2006, p. 226-230.

BARBOSA, D. N. F. Um modelo de educação ubíqua orientado à consciência do contexto do aprendiz. Tese de Doutorado. Instituto de Informática da UFRGS (Universidade Federal do Rio Grande do Sul), 2007. Disponível em: http://hdl.handle.net/10183/10271>. Acesso em: 27 jul. 2010.

BARBOSA, J. L. V.; HAHN, R. M.; RABELLO, S. A.; BARBOSA, D. N. F. LOCAL: a model geared towards ubiquitous learning. ACM Technical

Symposium on Computer Science Education (SIGCSE), ACM Press, 2008, p. 432-436.

BECKER, F. Aprendizagem — concepções contraditórias. Schème: Revista Eletrônica de Psicologia e Epistemologia Genéticas, I(1), jan./jun. 2008. Disponível em: <http://www.marilia.unesp.br/scheme>. Acesso em: 19 de set. 2010.

_____. A epistemologia do professor: o cotidiano da escola. 12. ed. Petrópolis: Vozes, 1993.

_____. No princípio era a ação!: ação, função simbólica e inteligência emocional. Pátio: Revista Pedagógica 1 (1). Porto Alegre: maio/jul., 1997, p. 22-24.

_____. A origem do conhecimento e a aprendizagem escolar. Porto Alegre: Artmed, 2003a.

_____. Vygotski versus Piaget – ou sociointeracionismo e educação. In: BARBOSA, R. L. L. (org.). Formação de educadores: desafios e perspectivas. São Paulo: Unesp, 2003b.

BOHLINGER, S. As competências como elemento basilar do Quadro Europeu de Qualificações. Revista Europea de Formación Profesional 42/43 – 2007/3, 2008/1. Disponível em: <http://www.cedefop.europa.eu/etv/Upload/Information_resources/Bookshop/491/42_pt_Bohlinger.pdf>. Acesso em: 27 jul. 2010.

BRASIL. Rede Interativa Virtual de Educação. 2010. Brasília: MEC. Disponível em: <http://www.rived.mec.gov.br>. Acesso em: 19 de set. 2010.

BROWN, J.; METCALF, D. Mobile Learning Update, 2008. Disponível em: <http://www.masie.com>. Acesso em: 27 jul. 2010.

CAPRA, F. A teia da vida: uma nova compreensão científica dos sistemas vivos. São Paulo: Cultrix, 1996.

CASTELLS, M. A sociedade em rede. São Paulo: Paz e Terra, 1999.

CHURCHILL, D.; HEDBERG, J. Learning object design considerations for small-screen handheld devices. Computers & Education, 50, 2008, p. 881-893.

COMISIÓN EUROPEA. Las competencias clave – Un concepto em expansión dentro de la educación general obligatoria. Bruxelas: Eurydice, 2003. 186 p. Disponível em: <http://competenciasbasicas.webnode.es/>.

COMISSÃO EUROPEIA. Quadro Europeu de qualificações para a aprendizagem ao longo da vida. Bruxelas, 2006. Disponível em: <http://ec.europa.eu/education/pub/pdf/general/eqf/broch_pt.pdf>. Acesso em: 19 de set. 2010.

DEDE, C. Planning for neomillennial lerning styles. Educause Quarterly, 1, 2005.

DELORS, J. Educação, um tesouro a descobrir. Ministério da Educação (MEC)/Organização Educacional, Científica e Cultural das Nações Unidas (UNESCO). 2. ed. São Paulo/Brasília: Cortez, 1999.

DEY, A. K. Understanding and using context. Personal and Ubiquitous Computing, Springer, v. 5, n. 1, fev. 2001, p. 4-7.

EVANS, C. The effectiveness of m-learning in the form of podcast revision lectures in higher education. Computers & Education, 50, 2008, p. 491-498.

FAGUNDES, L. C.; SATO, L. S.; MAÇADA, D. L. Projeto? O que é? Como se faz? In: ____. Aprendizes do Futuro: as inovações começaram! Coleção Informática para a mudança na educação. Brasília: MEC, 1999. Disponível em: <http://mathematikos.psico.ufrgs.br/textos.html>. Acesso em: 19 de set. 2010.

FIGUEIREDO, A. D. Learning contexts: a blueprint for research. Interactive Educational Multimedia, 11, October, 2005, p. 127-139. Disponível em: <http://www.ub.es/multimedia/iem>. Acesso em: 19 de set. 2010.

FIGUEIREDO, A. D.; AFONSO, A. P. Context and learning: a philosophical framework. In: FIGUEIREDO, A. D.; AFONSO, A. P. (eds.). Managing *learning* in virtual settings: the role of context. Hershey: Information Science Publishing, 2005, p. 1-22.

FREIRE, P. Pedagogia do oprimido. Rio de Janeiro: Paz e Terra, 1987.

_____. Educação e mudança. 16. ed. Rio de Janeiro: Paz e Terra, 1979.

_____. SHOR, I. Medo e ousadia: o cotidiano do professor. Rio de Janeiro: Paz e Terra, 1987b.

GJEDDE, I. Learning on the road — designing for contextual and engaging mobile learning. Proceedings of Iadis International Conference on Mobile Learning. Algarve, Portugal, 2008.

GRAZIOLA JUNIOR, P. G. Aprendizagem com mobilidade na perspectiva dialógica: reflexões e possibilidades para as práticas pedagógicas. Dissertação (Mestrado em Educação) — Programa de Pós-Graduação em Educação Universidade do Vale do Rio dos Sinos. São Leopoldo: Unisinos, 2009.

HIGHTOWER, J.; BORRIELO, G. Location systems for ubiquitous computing. Computer. IEEE Press, v. 34, n. 8, ago. 2001, p. 57-66.

HWANG, G.-J.; TSAI, C.-C.; YANG, S. J. H. Criteria, strategies and research issues of context-aware ubiquitous learning. Educational Technology & Society, 11 (2), 2008, p. 81-91.

HWANG, G.-J.; YANG, T.-C.; TSAI, C.-C., YANG, Stephen J.H. A context-aware ubiquitous learning environment for conducting complex science experiments. Computers & Education, 53, 2009, p. 402–413.

IEEE/LTSC/LOM Learning Technology Standards Committee. Draft Standard for Learning Object Metadata. Nova York: IEEE, 2002. Disponível em: <http://ltsc.ieee.org/wg12/files/LOM_1484_12_1_v1_Final_Draft.pdf>. Acesso em: 20 ago. 2010.

KADIRIRE, J. Mobile learning demystified. In: GUY, R. The evolution of mobile teaching and learning. Santa Rosa: Informing Science Press, 1, 2009, p. 103-118.

KAKIHARA, M.; SØRENSEN, C. Mobility: an extended perspective. Proceedings of the 35th Hawaii International Conference on System Sciences. Big Island, Hawaii: IEEE, 2002.

KUKULSKA-HULME, A.; SHARPLES, M.; MILRAD, M.; ARNEDILLO-SÁNCHEZ, I.; VAVOULA, G. Innovation in mobile learning: a European perspective. International Journal of Mobile and Blended Learning, 1(1), 2009, p. 13-35. Disponível em: <http://oro.open.ac.uk/12711/>. Acesso em: 27 jul. 2010.

KUKULSKA-HULME, A. Mobile usability in educational contexts: What have we learnt? The International Review of Research in Open and Distance Learning, 8 (2), 2007.

LING, R.; DONNER, J. Mobile communication. Cambridge: Polity Press, 2009.

LIP — IMS GLOBAL LEARNING CONSORTIUM. Learner Information Package Specification. Disponível em: <http://www.imsglobal.org/profiles/index.html>. Acesso em: 20 ago. 2010.

LIU, G.-Z.; HWANG, G.-J. A key step to understanding paradigm shifts in e-learning: towards context-aware ubiquitous learning. British Journal of Educational Technology, 40 (6), 2009. Disponível em: <http://research.ncku.edu.tw/re/articles/e/20090904/4.html>. Acesso em: 27 jul. 2010.

LYYTINEN, K.; YOO, Y. The next wave of nomadic computing. Information Systems Research, 13(4), 2002, p. 377-388.

MATURANA, H. R. Reflexiones: Aprendizaje o deriva ontogénica. In: Maturana, H. R. Desde la biologia a psicologia. Santiago de Chile: Editorial Mitech Ltda. Ediciones Synthesis, 1993c. p. 82-102.

_____. Transformación en la convivencia. Chile: Dolmen ediciones, 1999.

_____. A ontologia da realidade. Belo Horizonte: Editora da UFMG, 2001.

_____. As bases biológicas do aprendizado. Dois Pontos, v. 2, n.16, ago./dez. 1993, p. 64-70.

_____. Aula de encerramento no curso de Biologia Del Conocer, Facultad de Ciencias, Universidad de Chile, Santiago, em 27/07/90. Disponível em: <http://www.biologiadoamar.com.br/oqueeensinar.doc>. Acesso em: 19 de set. 2010.

_____. Uma nova concepção de aprendizagem. Dois Pontos, v. 2, n.15 (jan./jul. 1993) 1993, p. 28-35.

_____; REZEPKA, S. N. Formação humana e capacitação. Petrópolis: Vozes, 2000.

_____; VARELA, F. A árvore do conhecimento: as bases biológicas do entendimento humano. São Paulo: Palas Athena, 2001.

_____. De máquina e seres vivos: Autopoiese — a organização do vivo. 3. ed. Porto Alegre: Artes Médicas, 1997.

MORAES, M. C. Educar na biologia do amor e da solidariedade. Petrópolis: Vozes, 2003.

MOREIRA, M. A. Mapas conceituais e aprendizagem significativa (Concept maps and meaningful *learning*), 1997. Disponível em: <http://www.if.ufrgs.br/~moreira/mapasport.pdf>.

MORIN, E. Introdução ao pensamento complexo. 3. ed. Porto Alegre: Sulina, 2005. 120p.

MOTIWALLA, L. Mobile learning: a framework and evaluation. Computers & Education, 49, 2007, p. 581-596.

OCDE. The definition and selection of key competencies. DeSeCo Project. 2005. Disponível em: <http://www.oecd.org/edu/statistics/deseco>. Acesso em: 27 jul. 2010.

OKADA, A.; OKADA, S. Novos paradigmas na educação online com a aprendizagem aberta. V Conferência Internacional de Tecnologias de Informação e Comunicação na Educação — Challenges. Braga: Universidade do Minho, 2007.

O'REILLY, T. Copyright 2006 O'Reilly Media, Inc. Tradução: Miriam Medeiros. Revisão técnica: Julio Preuss. Novembro, 2006. Disponível em: http://www.oreilly.com>.

PACHLER, N. Mobile learning: towards a research agenda. Londres: WLE Centre, IoE, 2007. Disponível em: http://www.wlecentre.ac.uk/cms/files/occasionalpapers/mobilelearning_pachler_2007.pdf. Acesso em: 19 de set. 2010.

PAES, C. MOREIRA, F. Aprendizagem com dispositivos móveis: aspectos técnicos e pedagógicos a serem considerados num sistema de educação. V Conferência Internacional de Tecnologias de Informação e Comunicação na Educação — Challenges. Braga: Universidade do Minho, 2007.

PAPI — Draft Standard for Learning Technology. Public and Private Information (PAPI) for learners (PAPI learner). Disponível em: <www.cen-ltso.net/Main.aspx?put=230>. Acesso em: June 2010.

PARRAT, S.; TRYPHON, A. (Org.). Jean Piaget: sobre a pedagogia: textos inéditos. São Paulo: Casa do Psicólogo, 1998.

PETERS, K. Learning on the move: mobile technologies in business and education. 2005. Report. Australian Government. Disponível em: http://pre2005.flexiblelearning.net.au/projects/resources/2005/Learning%20on%20the%20move_final.pdf. Acesso em: 19 de set. 2010.

PIAGET, J. Development and learning. In: LAVATELLY, C. S.; STENDLER, F. Reading in child behavior and development. Nova York: Hartcourt Brace Janovich, 1972. Tradução. Disponível em: <http://www6.ufrgs.br/psicoeduc/piaget/desenvolvimento-e-aprendizagem/>. Acesso em: 27 jul. 2010.

_____. Abstração reflexionante: relações lógico-aritméticas e ordem das relações espaciais. Porto Alegre: Artes Médicas, 1995.

_____. Estudos sociológicos. Rio de Janeiro: Companhia Editora Forense, 1973.

PRENSKY, M. Digital natives, digital immigrants, 2001. Disponível em: http://www.marcprensky.com/writing/Prensky%20%20 digital%20 Natives,%20Digital%20Immigrants%20-%20Part1.pdf. Acesso em: 19 de set. 2010.

ROLIM, C. R.; SONNTAG, N.; BARBOSA, J. L. V. HLS: Modelo para desenvolvimento de aplicações sensíveis à localização. In: IX Workshop em Sistemas Computacionais de Alto Desempenho (WSCAD), 2008, Campo Grande. Anais do IX WSCAD. Campo Grande: Editora UFMS, 2008. v. 9. p. 227-234.

SACCOL, A. A teoria da hospitalidade e o processo de adoção de tecnologias da informação móveis e sem fio. Tese (Doutorado). Programa de Pós-Graduação em Administração, Faculdade de Economia, Administração e Contabilidade da Universidade de São Paulo. São Paulo, 2005.

SACCOL, A. I. C. Z.; KICH, M. R.; SCHLEMMER, E.; REINHARD, N.; BARBOSA, J. L. V.; HAHN, R. A framework for the design of ubiquitous learning applications. Hawaii International Conference on System Sciences (HICSS-42), IEEE Press, 2009.

SANTOS, B. S. Um discurso sobre as ciências. 2. ed. São Paulo: Cortez, 2001.

SATYANARAYANAN, M. Pervasive computing: vision and challenges. IEEE Personal Communications, IEEE Press, v. 8, n. 4, ago. 2001, p. 1017.

SCHLEMMER, E. AVA: um ambiente de convivência interacionista sistêmico para comunidades virtuais na cultura da aprendizagem. Tese (Doutorado em Informática na Educação) — Programa de Pós-Graduação em Informática na Educação, Universidade Federal do Rio Grande do Sul, Porto Alegre: UFRGS, 2002.

_____. Projetos de aprendizagem baseados em problemas: uma metodologia interacionista/construtivista para formação de comunidades em ambientes virtuais de aprendizagem. Congresso Internacional de Informática Educativa. Universidad Nacional de Educación a Distância — UNED. Madri, 2001.

_____. Conhecimento e tecnologias digitais no contexto da inovação: dos processos de ensino e de aprendizagem à gestão e estrutura da organização. In: GOMES, P. V.; MENDES, A. M. C. P. (org.). Tecnologia e inovação na educação universitária: o MATICE da PUCPR. 1. ed. v. 1. Curitiba: Champagnat, 2006, p. 237-260.

_____. Metodologias para Educação a Distância no Contexto da Formação de Comunidades Virtuais de Aprendizagem. In: BARBOSA, R. M. (org.). Ambientes virtuais de aprendizagem. Porto Alegre: Artmed Editora, 2005, p. 29-49.

_____. Telepresença. Curitiba: IESDE Brasil, 2009.

SCHLEMMER, E.; SIMÃO NETO, A. A construção de redes de significações: dos mapas conceituais aos 'concept webbing'. Anais do IX Congreso Ibero-americano de Informática Educativa — RIBIE, v. 1. 2008, p. 46-56.

SEGATTO, W.; HERZER, E.; MAZZOTTI, C. L.; BITTENCOURT, J. R.; BARBOSA, J. L. V. moBIO threat: a mobile game based on the integration of wireless technologies. ACM Computers in Entertainment, v. 6, n. 3, 2008, p. 1-14.

SHARPLES, M. The design of personal mobile technologies for lifelong learning. Computers & Education, 34, 2000, p. 77-193. Disponível em: <http://www.eee.bham.ac.uk/sharplem/Papers/handler%20comped.pdf>. Acesso em: 27 jul. 2010.

SHERRY, J.; SALVADOR, T. Running and grimacing: the struggle for balance in mobile work. In: BROWN, B. et al. (eds.). Wireless World — Social and interactional aspects of mobile age. Londres: Springer-Verlag, 2002.

SILVA, M. G. M. Mobile learning — uso de dispositivos móveis como auxiliar na mediação pedagógica de cursos a distância. Conferência Internacional de Tecnologias de Informação e Comunicação na Educação, 2007. Disponível em: <http://www.nonio.uminho.pt/documentos/actas/actchal2007/134.pdf>. Acesso em: 10 de set. 2010.

SØRENSEN, C.; Al-TAITOON, A.; KIETZMANN, J. H.; PICA, D.; WIREDU, G. O.; ELALUF-CALDERWOOD, S. M.; BOATENG, K. A.; KAKIHARA M.; GIBSON, D. Exploring enterprise mobility: Lessons from the field. Information Knowledge Systems Management, 7: 1, 2008, p. 243-271.

SOUZA E SILVA, A. Do ciber ao híbrido: tecnologias móveis como interfaces de espaços híbridos. In: ARAUJO, D. C. (org.). Imagem (ir) realidade: comunicação e cibermídia. Porto Alegre: Sulina, 2006.

STEVEN, V.-N. Will mobile computing's future be location, location, location? Computer, IEEE Press, v. 42, n. 2, fev. 2009, p. 14-17.

TARDIF, M. Saberes docentes e formação profissional. Petrópolis: Vozes, 2002.

TELES, L. A aprendizagem por e-learning. In: LITTO, F. M.; FORMIGA, M. (orgs.). Educação a distância: o estado da arte. São Paulo: Pearson Education, 2009.

TRAXLER, J. The evolution of mobile learning. In: GUY, R. The evolution of mobile teaching and learning. Santa Rosa: Informing Science Press, 1, 2009, p. 103-118.

VAVOULA, G.; SHARPLES, M.; RUDMAN, P.; MEEK, J.; LONSDALE, P. Myartspace: design and evaluation of support for learning with multimedia phones between classrooms and museums. Computers & Education, 53, Issue 2, 2009, p. 286-299.

VEEN, W.; VRAKKING, B. Homo zappiens: educando na era digital. Porto Alegre: Artmed, 2009.

WEISER, M. The computer for the 21st century. Scientific America, v. 265, n. 3, set. 1991, p. 66-75.

_____; BROWN, J. S. The coming age of calm technology. Disponível em: http://www.ubiq.com/hypertext/weiser/acmfuture2endnote.htm>. Acesso em: 16 ago. 2010.

WIGGINS, G. Assessing student performance: exploring the purpose and limits of testing. San Francisco: Jossey-Bass, 1993.

WILEY, D. A. Learning object design and sequencing theory. Doctoral dissertation, Brigham Young University, 2000.

_____. Connecting learning objects to instructional design theory: a definition, a metaphor, and a taxonomy. In: WILEY, D. A. (doc.). The Instructional Use of Learning Objects: Online Version, 2000. Disponível em: <http://reusability.org/read/chapters/wiley.doc>. Acesso em: 19 de set. 2010.

WINTERS, N. What is mobile learning. In: SHARPLES, M. (ed.). Big issues in mobile learning. Report. University of Nottingham. Disponível em: <http://www.lsri.nottingham.ac.uk/Publications_PDFs/BIG_ISSUES_REPORT_PUBLISHED.pdf>. Acesso em: 27 jul. 2010.

Índice remissivo

A

Abordagem interacionista-construtivista-sistêmica, 65, 76, 80, 95
Acompanhamento e avaliação de aprendizagem, 3, 84, 92
    na educação on-line, 80, 81, 83, 90
    na abordagem interacionista-construtivista-sistêmica, 80, 85
    no COMTEXT®, 111, 121
    objetivo, 93
A-GPS, 46, 47
Antenas, 39, 44, 133
    triangulação, 39, 46, 47, 48
Aprendizagem situada, 28, 34, 63
Aprendizagem,
    características da, 22
    móvel, 23, 25, 26
    o que é, 5, 10
    segundo Piaget, 6, 68
    segundo Maturana, 7
    ubíqua, 23, 26, 28
Aspectos do *m-learning* e do *u-learning*, aspectos e desafios, 64, 65
Autonomia, 3, 6, 14, 34, 66, 68, 73, 78, 86, 88, 98
    no mapa conceitual, 72
    no método de resolução de problemas, 70
    no *m-learning*, 24
    no PAP, 67
Autopoiese, 6
Avaliação autêntica, 85
Avaliação contextual. Ver avaliação autêntica
Avaliação, 3, 22, 67, 69, 80, 81, 85, 92
    autoavaliação, 67, 82, 83, 93
    "contextual", 85
    de competência, 89
    de desempenho, 90
    diagnóstica, 80, 81, 93
    em *m-learning* e *u-learning*, 80
    formativa, 82, 84, 93
    heteroavaliação, 80
    objetivo, 93
    prognóstica, 80, 81, 93
    somativa, 83, 93
    360 graus, 111
    visão dialética, 84
AVAMs, 12, 39, 62, 78

B

Beta perpétuo, 59
Brainstorming, 13, 69

C

Calm technology, 27
Certezas provisórias, 67, 94, 121
Colaboração, 56, 65, 66, 67, 68, 69, 74, 86, 105, 117, 118, 138
Compass, 46
Competências, 14, 15, 16, 34, 36, 39, 65, 70, 81, 82, 86, 89, 96, 97, 107, 126, 143
    ambiente COMTEXT®, 114, 116, 117, 118, 119, 121, 124
    avaliação, 16
    conceito, 13
    definição, 14, 15
    desenvolvimento, 90, 93, 112
    específicas, 14
    e treinamento, 104
    gerais, 14
    gestão, 108
Computação baseada em localização, 39, 48-50
Computação ciente de contexto, 40, 52, 55, 56

Computação móvel, 38, 39, 40, 51, 56
  principais tecnologias, 41-45
Computação ubíqua, 26, 27, 28, 40, 41
  evolução, 55, 56
COMTEXT®
  descrição, 108
  limitações, 113
  casos de utilização corporativa, 115
  avaliação, 108, 111, 112, 116, 121, 123, 124
Comunidade de aprendizagem, 22, 112
Congruência, 6, 7
Conhecimento, 2, 3, 5, 7, 8-10, 11-16, 22, 28, 31, 34, 58, 60, 62, 67, 71
  definição, 8
  segundo Piaget, 8
  segundo Maturana, 8
Conteúdo, 62
Contexto de aprendizagem, 11, 15, 28, 60, 63, 65, 91, 115, 125
  definição, 59
  em *m-learning* e *u-learning*, 62, 91, 92, 94
  variáveis, 62, 65
Contexto em computação, 40
Cooperação, 56, 65, 66, 67, 68, 74, 86, 107, 115, 120, 122
CSCL, 63

D

Dialogicidade, 74
Diferenças entre sistemas *m-learning* e *u-learning*, 93
Dúvidas temporárias, 67, 121

E

Educação a distância, 23, 30, 38, 39, 139
"Educação bancária", 60
e-learning, 1, 2, 24, 29, 30, 35, 38, 60, 64, 98, 139, 145
  definição, 23
  elementos constituintes, 1
  e uso de TIMs, 18
  características, 2
Enhanced Wireless Service 911, 47

Epistemologia, 101
  concepção apriorista, 102-103, 108
  concepção empirista, 102,103, 108
  concepção interacionista, 102, 103, 108
  definição, 101
Estrutura cognitiva, 7
  definição, 58
Evento de aprendizagem, 61, 63
  em *m-learning*, 91

G

Galileo, 46
Geração Y, 21
  estilo de aprendizagem, 22
Glonass, 46
GPS, 4, 17, 39, 46, 48, 49, 87
  limitações, 46

H

Handhelds, 38, 42
  definição, 42
Heterárquica, relação, 95

I

Informação, 2-14, 16, 22, 60
  acesso, 88
  busca, 11
  captura, 11
  conceito, 3
  e *e-learning*, 3
  e *m-learning*, 4
  e *u-learning*, 4
Intermediação pedagógica múltipla, 78, 92
  características, 78, 79

J

Jogos móveis, 19, 48, 50
  exemplo, 51
Just in time learning, 59

L

LIP, Learner Information Package, 126

LOCAL®, sistema, 40, 55, 107, 125
    arquitetura, 125-126
    avaliação, 133, 135, 136
    características, 126
    casos de utilização, 124
    e *u-learning*, 41
    formas de interação, 131

M

Mapa conceitual, 71
    casos, 117, 121
    limitações, 72
    vantagens, 72
Mediação pedagógica, 2, 3, 22, 29, 30, 67, 102, 145
    em *m-learning*, 91
    modelo tradicional, 78
    na construção individual de conhecimento, 78
    na educação on-line, 62, 77
    na perspectiva dialógica, 95, 97
    nas redes de interação, 78
Metodologias e práticas pedagógicas do *u-learning*, 74, 75
Metodologias problematizadoras, 65, 72, 95
    exemplos, 66-72
m-learning, 36, 39, 60, 107
    casos, 114-116, 124
    comparação com *u-learning*, 93-94
    contexto, 91
    definição, 23, 25
    e jogos, 143-144
    e metodologias problematizadoras, 72, 73
    finalidade das tecnologias, 11, 12
MLE-Moodle, 139
    descrição, 140
Mobilidade, 3, 6, 7, 9, 11, 14, 16, 17, 24, 25, 39, 42, 56, 59, 64-66, 74, 86, 89, 94, 96, 98, 115
    conceitual, 64
    definição, 25
    dos computadores, 38, 39
    e ubiquidade, 6, 7, 9, 16
    irrestrita, 65
    restrita, 24, 64
    temporal, 64
    tipos, 25, 26

Modelo pedagógico interacionista-construtivista-sistêmico-complexo, 85
    aprendizagem, 89
    características, 86
    e ambiente de aprendizagem, 90
e competências, 89
    e contexto de aprendizagem, 91
    e informação, 88
    foco, 86
    tecnologias, 87
Modelos de atividades no *u-learning*, 75, 76
Modelos pedagógicos, 102
    diretivo, 102
    não diretivo, 102
    relacional, 103
MP3, 17, 25, 27, 30
    uso em educação, 19

O

Objeto de aprendizagem, 11
Oficina, 71
    limitações, 71
    vantagens, 71

P

PAP, Projetos de aprendizagem baseados em problemas, 66
    avaliação, 72
    como desenvolver, 67
    limitações, 68, 69
    uso em *m-learning*, 72
    vantagens, 67, 68
PAPI, Public and Private Information, 126
Paradigma, 1, 13, 58, 64, 101, 108
    complexo, 13
    dominante, 13
    emergente, 13
    mudança, ruptura, 66, 68, 69, 70
Paulo Freire, 4, 10
PDA, 17, ver também *handheld*
    definição, 42
Perfis de Usuários, 40, 125
    padrões, 126
Perturbação, 6, 7, 68
Piaget, 5, 6, 8, 9, 10, 58
Posicionamento de satélites, 46

características, 24-25
definição, 46
práticas relacionadas, 23-24
sistemas, 46
Professor, 18, 21, 22, 24, 84, 87, 91, 96, 101, 102, 103, 107, 108
formador, 80, 81, 83, 93, 97
LOCAL®, 134
mediador, 67, 77, 78
orientador, 82, 83
na visão mecanicista, 60
papel na educação on-line, 62, 68, 96, 97
pesquisador, 99

Q

QR Code, 52, 54
definição, 53

R

Real time, 59
Redes *ad hoc*, 44
Redes infraestruturadas, definição, 44
Relacionamento aprendiz, conteúdo e contexto, 61
Resolução de problemas, 69
benefícios, 70
desvantagens, 70
RFID, 2, 53, 65, 87
definição, 52
tipos, 52

S

Sensores, 2, 4, 12, 13, 27, 28, 41
definição, 54
em *u-learning*, 88, 90, 91
Serviços baseados em localização, 40
Sistema de localização de pessoas, 48, 49, 50
Sistema de localização, 13, 39, 46, 48, 56
de pessoas, 48, 49
Sistema distribuído, 38
Skype®, 111, 113
Smartphones, 17, 30, 38, 42, 43
definição, 43
principais fabricantes, 43

sistemas operacionais, 43
softwares de navegação, 48-49

T

Tecnologias de identificação, 52
Tempo "intemporal", 59
TIMs, 16, 17, 18, 30, 34, 59, 62, 67, 73, 99, 115, 118, 119
barreiras, 32-33
benefícios e limitações, 34-35
definição, 6
e educação, 18
na avaliação, 83
principais usos, 39
Treinamento, 24, 25, 32, 36, 145
definição, 104
por meio de *m-learning* ou *u-learning*, 19, 20, 21

U

Ubiquidade, 6, 7, 9, 16, 40, 64, 94, 100, 115, 117, 118
u-learning, 1, 2
aspectos e desafios, 64, 65
benefícios e limitações, 34-35
conceitos básicos, 16-17
definição, conceito, 26, 27
e informação, 4, 12

V

Visão conteudista da educação, 60
Visão mecanicista da educação, 60

W

Web 2.0, 59, 62, 78, 95
Web 3D, 62
Web, 32, 58, 82, 113, 114, 122, 135
WLAN, 45
WMAN, 45
WPAN, 45

Y

YouTube®, 111, 114

Sobre os autores

Amarolinda Zanela Saccol é bacharel em administração pela Universidade Federal de Santa Maria (UFSM), mestre em administração pela Universidade Federal do Rio Grande do Sul (UFRGS) e doutora em administração pela FEA/USP, tendo sido *Ph.D. research student* da London School of Economics and Political Science (LSE) — Londres. Atualmente é professora adjunta e pesquisadora do programa de pós-graduação em administração da Universidade do Vale do Rio dos Sinos (Unisinos) — RS. É também consultora *ad hoc* na área de Tecnologia/Sistemas de Informação. É líder do *Grupo Interdisciplinar de Pesquisa de Aplicações Ubíquas para Negócios* (CNPq) e coordena projetos de pesquisa CNPq e CAPES. É uma das coautoras do Ambiente COMTEXT® para *m-learning* corporativo. Possui diversos artigos publicados em periódicos e eventos nacionais e internacionais e livros/capítulos de livros publicados no Brasil, Reino Unido e EUA. Destacam-se como suas principais áreas de interesse: tecnologia e sistemas de informações e suas implicações para as organizações.

E-mail: aczanela@unisinos.br

Eliane Schlemmer é bacharel em informática pela Universidade do Vale do Rio dos Sinos (Unisinos), mestre em psicologia pela Universidade Federal do Rio Grande do Sul (UFRGS) e doutora em informática na educação também pela Universidade Federal do Rio Grande do Sul (UFRGS). Atualmente é professora titular e pesquisadora do programa de pós-graduação em educação da Universidade do Vale do Rio dos Sinos (Unisinos) — RS. É também consultora *ad hoc* na área de educação digital e educação a distância. É líder do Grupo de Pesquisa Educação Digital — GPe-dU Unisinos/CNPq. É conceptora do Ambiente Virtual de Aprendizagem (AVA-Unisinos), do Agente Comunicativo (MARIÁ), do Mundo Virtual em 3D AWSINOS, criado no Metaverso Eduverse, da Ilha Unisinos e da Ilha RICESU, ambas criadas no Metaverso Second Life e da Tecnologia-Conceito — Espaço de Convivência Digital Virtual — (ECODI), em um contexto de hibridismo tecnológico digital. É uma das coautoras do Ambiente COMTEXT® para *m-learning* corporativo. Possui diversos artigos publicados em periódicos e eventos nacionais e internacionais e livros/capítulos de livros publicados no Brasil e nos EUA. Destacam-se como suas principais áreas de interesse: educação e cultura digital.

E-mail: elianes@unisinos.br

Jorge Barbosa é graduado em tecnologia em processamento de dados e em engenharia elétrica pela Universidade Católica de Pelotas (UCPel). Obteve especialização em engenharia de software pela UCPel e concluiu mestrado e doutorado em ciência da computação na Universidade Federal do Rio Grande do Sul (UFRGS). Atualmente é professor titular no programa interdisciplinar de pós-graduação em computação aplicada (PIPCA) na Universidade do Vale do Rio dos Sinos (Unisinos). Coordena o Laboratório de pesquisa e desenvolvimento em computação móvel (MobiLab/Unisinos) e atua como bolsista de produtividade em desenvolvimento tecnológico e extensão inovadora (bolsa DT — atualmente no Nível 1D) do CNPq. Jorge Barbosa recebeu em 2004 o Prêmio "HP Mobile Technology for Teaching Grant — Latin American Region" e foi finalista em 2006 e semifinalista em 2009 no Prêmio "Santander de Ciência e Inovação". É um dos coautores do Ambiente COMTEXT® para *m-learning* corporativo. Destacam-se como suas principais áreas de interesse: linguagens de programação, computação móvel e ubíqua, jogos de computadores e entretenimento digital, aprendizagem móvel e ubíqua.

E-mail: jbarbosa@unisinos.br